萧红小传

山东城市出版传媒集团·济南出版社

图书在版编目（CIP）数据

萧红小传 / 洪亮编著. —济南：济南出版社，
2023.1
　　ISBN 978-7-5488-5312-1

　　Ⅰ.①萧… Ⅱ.①洪… Ⅲ.①萧红（1911-1942）-
传记 Ⅳ.①K825.6

中国版本图书馆CIP数据核字（2022）第214227号

出 版 人　田俊林
出版统筹　胡长粤
责任编辑　李　媛
封面设计　胡大伟

萧红小传　　洪　亮　编著

出版发行	济南出版社
地　　　址	济南市市中区二环南路1号（250002）
发行电话	（0531）67817923　86922073
	86131701　86018273
经　　　销	各地新华书店
印　　　刷	山东临沂新华印刷物流集团有限责任公司
版　　　次	2023年2月第1版
印　　　次	2023年2月第1次印刷
成品尺寸	145mm×210mm　32开
印　　　张	5.25
字　　　数	106千
定　　　价	45.00元

（济南版图书，如有印装质量问题，请与印刷厂联系调换）

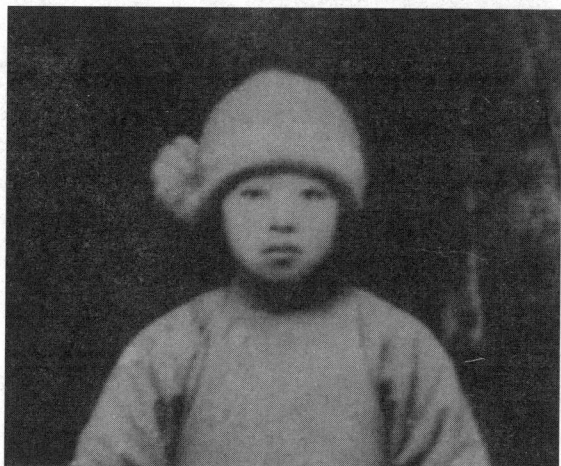

少年萧红

萧红就读过的呼兰县龙王庙小学旧址

1933 年冬，萧红与萧军在哈尔滨道里公园

1934 年夏，萧红与萧军在离开
哈尔滨之前合影

1934 年夏，萧红在青岛樱花公园

1935 年，摄于鲁迅家门前的台阶

1935 年，萧红与萧军在上海

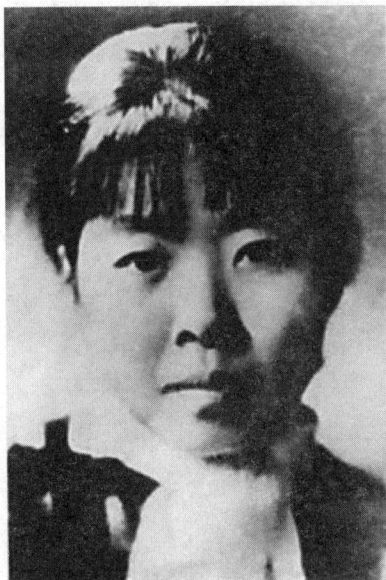

1936 年，萧红在日本

1937 年，萧红（右一）、萧军（右二）与黄源合影

1937 年，萧红与萧军在
上海

1937年，许广平（左一）、萧红（左二）、萧军（左三）、周海婴于鲁迅墓前合影

1938年，萧红与丁玲在西安

1938 年，萧红与端木蕻良在西安

1938 年，萧红在西安

1939 年，萧红在重庆

萧红故居

萧红小传

人生的道路

萧红小传

人生的道路

在萧红短暂的一生中，经历过不少亲友的离世，其中给她打击最大的，除了年少时祖父的死以外，就是这次鲁迅的逝世了。从萧红与之交往的种种细节上，我们都可以明显看出，鲁迅对于萧红而言绝不仅仅是一位导师，更是一位"父亲"，所以鲁迅的离去带给萧红的打击，不亚于失去任何一个至亲。

童年的幸运与不幸

　　1911 年 6 月 1 日，萧红出生于黑龙江省呼兰县张家。家里最初给她取小名荣华，后又取学名张秀环。但是萧红的二姨名叫姜玉环，名字里也有一个"环"字，按照风俗，晚辈的名字和长辈用一样的字是一种不敬，所以萧红的外公又把她的名字改为张廼莹。张家是一个大户人家，虽然在萧红出生时已开始没落，但仍然算是中上家境。因此萧红小时候在物质方面，基本没有吃过什么苦头，但是在精神、情感上的经历，可就一言难尽了。

　　萧红出生这一天，是农历五月初五端午节，传说中也是大诗人屈原的祭日。这位中国现代文学史上杰出的女作家，恰恰出生在一个与文学传统有着密切关系的日子，似乎她的人生道路在冥冥中已经被注定了。然而萧红的家人却丝毫没有因为她的出生而高兴，因为在那时的东北，端午节出生的孩子被认为很不吉利，其理由在今天看来，简直就是笑话：有些节日，如清明节、端午节、盂兰盆节等，也被称为"祭日"，在这些节日里，一些平时被镇在庙里的鬼魂可以暂时到外面游荡，并享受人间的祭祀。所以凡是出生在这些日子里的人，就被认为是恶鬼投胎。更何况，东北本来就有"男莫占三六九，女莫占二五八"的说法，所以一个女孩子出生在五月初五，可以说是双重的不吉利。萧红就是因为这个荒谬绝伦的理由，一出生就受到了家人的鄙弃。她的家人甚至一直向外人宣称，萧红的生日是农历五月初六，萧红小时候每次过生日，都只能在五月初六过。直到成年以后，萧红还对此事耿耿于怀，她在作品中屡屡抨击传统文化愚昧落后的一面，这和她的童年经历不无关系。

当然，更让家人不快的还是——萧红是一个女孩。在那样一个重男轻女的社会氛围里，家中生了一个女孩，带来的必然是无尽的失望。尤其是萧红的祖母范氏，几乎从来没有喜欢过这个孙女。而父母呢，他们本应对孩子有着天然的感情，但是对于一心盼望着延续香火的父亲张廷举来说，萧红的出生并不会让他高兴。后来，萧红在祖父的娇纵下变得越来越淘气，她的父亲也越来越看不惯这个叛逆的女儿。至于母亲姜玉兰，用萧红的话说，"母亲并不十分爱我，但也总是母亲"，很显然母女之间的关系也是不冷不热的。更何况，姜玉兰后来又生了3个男孩（其中两个夭折，只有一个活下来，名叫张秀珂），由于她把精力都耗费在了照顾婴儿上，更不可能给予萧红太多的关心。几个弟弟的接连出生，也让萧红在家里的地位愈加边缘化。然而对萧红来说，比感受不到太多的父母之爱更糟糕的，是她被剥夺了受教育的机会。因为在父母眼里，女孩子长大以后终究是要嫁人的，只要学会打理家务、伺候丈夫和公婆就够了，读书根本没有什么意义。

萧红6岁的时候，祖母范氏病逝，从此持家的重担就落在了姜玉兰身上。接连地生育、抚养孩子已经消耗了她太多的心血，使她本就羸弱的身体变得更加弱不禁风，但婆婆的故去又让她不得不扮演"当家人"的角色。她曾经一度将这一角色扮演得很好，由于她的勤俭度日、持家有方，张家的家境渐渐有了起色。但是，过度的操劳加上沉重的心理压力，最终拖垮了她的身体，在萧红8岁的时候，母亲因病去世。姜玉兰死后刚满百日，萧红的父亲张廷举就迫不及待地续弦——这也难怪他，那样一个上有老下有小的家庭，离开了主妇怎么能运转呢？更何况他当时担任呼兰初高两级小学校的校长，繁忙的公务也让他无暇顾及家庭，在此情况下，尽快续弦几乎是他唯一的选择。

萧红的继母名叫梁亚兰。她生于1898年，嫁到张家的时候只有21岁，仅仅比萧红大13岁。尽管"后妈"在民间故事中往往是凶神恶煞般的形象，但实际上对于一个年轻的女子而言，刚一出嫁就要扮演继母的角色，也是一个不小的挑战：一方面，她和前房留下的孩子没有任何血缘关系，想要从头建立感情的纽带并非易事；另一方面，一旦和子女的关系处理得不当，也很容易遭人非议，毕竟人们对于"没娘的孩子"总是有天然的同情。梁亚兰在张家，也只能小心翼翼地履行着继母的职责，她对萧红姐弟俩也是异常的客气，从来没有打骂过他们。即使萧红小时候异常淘气（用今天的话说，可谓不折不扣的"熊孩子"），她至多也不过用指桑骂槐的方式发泄一下不满。更为难能可贵的是，正是在她的支持下，萧红才得以进入学校读书，不得不说，萧红能遇到这样一位继母，也算是不幸中的万幸了。

然而生性敏感的萧红，对于梁亚兰的"客气"显然并不能感到满足。因为她觉察到，这种"客气"同时也意味着感情的淡薄。换句话说，她和继母之间总是保持着相当的距离，相处得就像陌生人一样，虽说没有什么冲突，但也不会产生任何亲密感。更糟糕的是，当时张廷举由于公务繁忙，难得回家一次。梁亚兰独自持家，面对着淘气的孩子们，又不好管教只能在丈夫每次回家的时候向他诉苦。而张廷举为了安抚妻子，也为了尽到管教子女的责任，每次听闻萧红和秀珂的"劣迹"后，都会对他们加以斥责甚至殴打。无疑，这更加重了萧红姐弟与继母之间的隔阂。

在家中，真正能让萧红感到温暖的只有一个人，那就是她的祖父张维祯。实际上，张维祯并不是萧红的亲祖父：他和妻子范氏育有三女一男，但是男孩很小便夭折，为了不让自己死后家产落到外姓人手里，他便从堂弟张维岳的七个儿子中选出一个做养子，这个养子就是萧红的父亲张廷举（由于张廷举在原来的家庭中排行第三，又被张维祯选中，所以他的字就叫"选三"）。然而就是这个不是亲祖父的祖父，却成了最宠爱她的人，用萧红自己的话说，她"从祖父那里，知道了人生除掉冰冷和憎恶而外，还有温暖和爱"。

从萧红的自述和亲属的回忆中我们可以看到，祖父对萧红的宠爱，可以说已经到了娇惯的地步。比如，萧红家的院子里有一口井，一次一只鸭子掉到井里淹死了，祖父让人捞起来用黄泥裹上，烧熟了给萧红吃。她觉得很好吃，就盼望着再有鸭子落井。但这种意外毕竟不会经常发生，所以当淘气的她看到一群鸭子走到井沿附近时，就拿着个秸秆，想把它们赶到井里。鸭子自然不肯就范，一边围着井口乱跳乱转，一边呱呱叫着，扰得整个院子鸡犬不宁。这时祖父问她想干什么，明白她的心意后，告诉她不用赶了，答应抓个鸭子给她烧了吃，但是她仍不停下。祖父只得过去把她抱起来，但她仍然一边挣扎一边喊："我要掉井的！我要掉井的！"萧红长到七八岁的时候简直比同龄的男孩子还要淘气，翻箱倒柜、跳墙爬树，几乎是无法无天。有一次她踩着梯子爬树，竟然一边往上爬，一边脱下裤子往下拉屎，同时还大喊："爷爷，我下蛋了！"

　　萧红的顽皮可以被祖父容忍，却不能被家里的其他长辈所接受，为此，年幼的萧红也没少吃苦头，同时也连累祖父被埋怨。祖母每次骂人，都会把萧红和祖父一起骂上，骂祖父是"死脑袋瓜骨"，骂萧红是"小死脑袋瓜骨"。萧红家里窗户的样式，都是四边糊纸、中间嵌着玻璃。祖母是有洁癖的，所以她的房间窗纸最白净，而不像其他屋里的都是暗黄色。结果这就惹起了萧红的恶趣味：一到祖母的屋里，她就要把白花花的窗户纸戳几个破洞，听着纸被戳破发出的嘭嘭声，倍感得意。如果不是有人阻拦，她能把所有的窗纸全都捅破。这自然让祖母恨之入骨。所以，有一次她看到萧红进来，就拿着一根针在窗户外面等着，萧红一戳，就被针刺破了手指。这时的萧红只有三岁，尽管祖母惩治她的手段似乎有点狠心，但是她的淘气程度，于此也可见一斑。

当然，祖父对萧红也不是一味娇惯。萧红的文学启蒙，就是在祖父这里完成的。据家谱记载，祖父张维祯"幼读诗书约十余年"，有着相当不错的文学修养。所以他教会萧红的，并不只是调皮捣蛋。在带有自传色彩的小说《呼兰河传》里，萧红就满怀深情地回忆了祖父教她念《千家诗》的情形。此外，不善理家的祖父在家中几乎是个闲人，他最大的乐趣，就是带着孙女到后院子里去玩耍，而这个后园，也成了萧红生命中的伊甸园。成年后，她总是在作品中情不自禁地回忆与祖父一起在园中度过的美好时光。

　　总的来说，萧红的童年不能说是幸福的。但是富裕的家境至少让她不必忍受物质上的匮乏，而祖父的慈爱又在很大程度上弥补了父母在感情上对她的亏欠，因此萧红的童年也并不缺乏欢乐。

艰难的求学经历

在继母梁亚兰的支持下，萧红得以上学读书，这发生在1920年，即梁亚兰嫁入张家的第二年。做个不厚道的推测，继母此举或许未必真的是为了萧红好，也有可能是她实在忍不了萧红的淘气，所以用这种方式让萧红不能整天在家，好让她眼不见心不烦。不过无论如何这对萧红来说都是一件天大的好事。当时萧红已经9岁，比正常的入学年龄晚了好几年，但这也总比没有学上好。

萧红最初就读的学校，是呼兰县立第二初级小学，该校创建于1920年3月，萧红是第一批学生，今天它已经改名为"萧红小学"。这所学校除了像一般的小学那样讲授基础知识外，还教给学生养蚕技能，所以它还有一个名字：呼兰城内乙种农业学校。不过有意思的是，"第二初级小学"和"乙种农业学校"虽然都是学校的正式名称，但当时的人们却不常提起，而是更习惯叫它的俗称：龙王庙小学。这是因为该校的校址就在呼兰县城的龙王庙内。龙王庙位于东二道街的南头，离萧红家只有不到一百米的距离。这所学校开设的课程有修身、国文、算术、手工、图画、歌唱、体操等，授课内容相当丰富。

当时的小学分为初级小学和高级小学（就如同今天的中学分为初中和高中），初小四年，高小两年。而萧红就读的这所学校只有初小，没有开设高小，所以四年后升学时，萧红只能转校。另外，当时正好赶上学制转换，每个学年从春季开学变为秋季开学，因此萧红在龙王庙小学实际上读了四年半。1924年暑假过后，她考入呼兰县北关的第一初高两级小学。这所学校位于祖师庙院内，因此也有一个俗称：祖师庙小学。这所学校的教学质量很一般，学生来源也比较复杂，有在乡下教了好几年私塾的，有在粮栈当了两年管账先生的。虽说是"小学"，但萧红的同学中竟然有20多岁的。她后来曾以调侃的语气写道，有的同学已经儿女成群，成了一家之主，写起家信来，或问"小秃子闹眼睛好了没有"，或问"姓王的地户的地租送来没有"……

这样的学校，自然不是适合学习的地方。因此，1925年暑假前，当时在呼兰教育界已有相当影响力的父亲张廷举，又把她转入了教学质量更高的呼兰县第一女子初高两级小学。萧红刚刚转来不久，上海发生"五卅惨案"的消息传到了呼兰小城，让这个本来如一潭死水的小城陡起波澜。和全国许多地方一样，呼兰也成立了"沪难后援会"，许多青年学生走上街头参加游行，为上海工人募捐，并号召市民抵制日货。萧红也参加了这场游行，而且据说表现得相当积极，还在学生联合会组织的募捐义演活动中扮演了一个角色。在这场运动中，她带头剪去了作为传统女性象征的长辫子，同时还鼓动其他女孩子剪辫子，甚至还亲自动手，把邻居一个十几岁的姑娘的辫子剪了下来。

不过，萧红的这些举动，让她与父亲之间的隔膜越来越深。张廷举是一个充满矛盾的人，他是当时呼兰教育界的头面人物，在别人眼中也算比较开明，曾经积极推动兴办女学，提倡科学民主。然而当初在萧红的入学问题上，他却表现得很不积极。这似乎表明，张廷举的"开明"未必是真心的，而很有可能只是为了顺应潮流，以便在官场上混得开，才故意做出的一种姿态而已。对于自己的女儿，他内心仍然希望她能成为一个端庄稳重的传统型"淑女"，以便日后嫁了人能够相夫教子，而不是变成一个具有鲜明个性和独立精神的现代女性。因此，对于萧红走上街头参加社会运动，他虽然碍于自己的"人设"而无法公开阻止，但心里极有可能是非常反感的。

1926 年夏天，15 岁的萧红从高小毕业。当时像萧红这样的女孩子若想升学，可能的选择有这样几种：一是去哈尔滨上正式的中学，这是最理想的选择，但是需要很大一笔学杂费用。二是去齐齐哈尔，那里有公费的省立女子师范学校，如果去那里读书，家里只需要出一点生活费就够了。三是在本县继续读书，这条路没有多少人愿意选择，呼兰当时只有一所正式的中学，且不说教学质量如何，因为它压根儿就不招收女生。萧红要想在本地读书，只能去读所谓的"通校"，即外地的一些学校（如阿城师范）在呼兰开设的、只招走读生的分校。这类学校的师资质量自然不如正规学校，而且在相对闭塞的小县城里读书，也肯定不能像在大城市的学校里那样开阔眼界、增长见识。以萧红的学习成绩，考前两种学校都没有任何问题；而以张家的家境，供她读书也不存在经济上的困难。然而当萧红向父亲提出要到哈尔滨读书时，却出乎意料地遭到了反对。父亲阴沉着脸说："上什么中学？上中学在家上吧！"所谓"在家上"，就是读上面所说的"通校"。萧红据理力争，但父亲寸步不让，父女之间的矛盾彻底爆发。

　　张廷举的这种反应看似难以理解，实则不无原因：前文提过，他的"开明"本来就只不过是一种姿态，而萧红读高小期间在学生运动中的表现，更让他担心女儿一旦离开了自己的管束，会变得越发"无法无天"。因此在萧红的升学问题上他再一次成了最大障碍。另外，这里还有一个更加隐秘的原因，那就是此时张家已经为萧红物色好了未来的夫婿，对方名叫汪恩甲。关于汪恩甲其人及他与萧红婚约的详情，我们后面还会再提到，不过这里可以指出的是：张廷举反对萧红离家到哈尔滨读书，最根本的原因很可能是害怕她读中学后进一步接受新思想，会追求恋爱自由而挣脱这一桩包办婚姻。

　　萧红并没有束手就擒，而是不断以自己的方式反抗父亲。只不过她的反抗手段是消极的：既然父亲不让她离开家，她就要么整日在家里看书，要么就是到后花园闲逛，所有的家务杂事，她一概不管，俨然一副衣来伸手、饭来张口的大小姐派头。这自然惹恼了继母梁亚兰，她当时已经生了两个孩子，肚子里还怀着第三个，同时还要照顾一家老小。本来就已经心力交瘁的她，看着萧红这样一个十五六岁的大姑娘成天在家吃闲饭，心中肯定极度不满。于是她也不再客气，经常骂起萧红来，萧红自然会更不客气地反击，于是家中整日鸡犬不宁。张廷举也渐渐忍无可忍，有一次他骂萧红："你懒死了！不要脸的！"没想到萧红毫不惮于冒犯父亲的尊严，顶撞道"什么叫不要脸呢？谁不要脸？"听了这话后，怒不可遏的父亲，一巴掌把萧红打倒在地上，从此父女之间的关系降到了冰点。

然而过了一年多以后，父亲竟然奇迹般地让步了。至于其原因，萧红后来回忆说："当年，我升学了，那不是什么人帮助我，是我自己向家庭施行的骗术。"至于这究竟是怎样的"骗术"，萧红并没有明说，不过有研究者推测，她指的可能是以出家相威胁。说到这儿，就不能不提到萧红读高小时的一个同班同学——田慎如。这是一个非常漂亮的姑娘，却遭遇了和萧红类似的不幸：高小毕业后，她本已考上齐齐哈尔的女子师范，却被县里的权贵看上，非要娶她做妾。胆小怕事的父亲于是写信把她骗了回来，但她回家后勇敢地当面痛斥打她主意的"大人物"，本来就不敢得罪人的父亲被吓得战战兢兢。最后，田慎如为了表明自己绝不连累父亲，一怒之下决定出家到呼兰的天主教堂当了修女。

这事给了萧红极大的启发，她当年的同学回忆说，萧红曾向她们说过，如果父亲不让她到外地求学，她也要去出家当修女。此事迅速传遍呼兰小城，张家在当地也算得上是有头有脸了，他们家的女儿要出家，无疑是一个重磅新闻，张廷举为此承受了巨大的舆论压力。萧红的祖父这时也站出来为她说话，他对张廷举夫妇说，如果萧红真的当了修女，他就死给他们俩看——事实上，在萧红求学的整个过程中，祖父一直都是全力支持她的，只不过已经是一家之主的张廷举，早就不把衰老的父亲放在眼里了。然而父亲毕竟是父亲，张维祯在这个关头以死相逼，也让张廷举没法置之不理。更何况，此事也关系到未来亲家的声誉，对方甚至还专门托人来过问此事。凡此种种，都让张廷举觉得扛不住了，最终他只得暂时放弃做父亲的尊严，勉强同意了萧红赴哈尔滨求学的要求。

靠着自己的"骗术"，萧红终于在1927年秋天进入了哈尔滨东省特别区区立第一女子中学校（简称"东特女一中"），这是她人生中第一次走出呼兰小城。尽管哈尔滨在当时已经是一个比较开放的大城市，可萧红就读的东特女一中，风气却依然相当保守。该校的前身为1924年成立的从德女子中学，这个校名即得自于"三从四德"的陈腐道德观念；1926年8月才改名为东特女一中，可学校的风气却并未随之改变。该校的校长是孔焕书，此人虽然年龄不大（生于1895年，1924年出任校长时还不到30岁），身上却毫无年轻人应有的朝气，反而把学校治理得死气沉沉。她不但制订了严苛的校规校纪，让学生们感到窒息般的压抑，还聘用了一批旧式教师。他们那些落后的观念和教学方式，也令学生极为反感。比如，该校学生除了学习文化课，还要学做女红。有个绰号"老母鸡"的教员就是教刺绣的，并兼做训导员，她经常向学生灌输，做女人的任务就是博得丈夫的喜欢，所以一定要掌握刺绣等技能。有的学生实在忍无可忍，就当面顶撞她："唯有'奴心未死'的女人才会这样做……"还有一次，学校竟然请了一个军阀来做"演讲"，他一开口就要女学生好好读书，以便将来给有钱人做个七房八房姨太太……

对于历尽艰辛方才得到读书机会的萧红来说，这样的一所学校实在是令她失望之至。不过好在学校里还有几个新派教员，比如语文教员王荫芬，他把白话文引入课堂，常常向学生讲解鲁迅先生的作品，并引导学生阅读五四以来的新文学，打破了该校语文课只教文言文的局面。再如毕业于上海美专的美术老师高仰山，是一个造诣颇高的画家，同时也酷爱文学。在他的影响下，萧红不仅对美术产生了浓厚的兴趣，还阅读了鲁迅、郭沫若、郁达夫、歌德、莎士比亚等大量中外作家的作品。正是这些老师，让萧红在世界观、人生观的形成阶段得到了正确的引导。

寿宴背后的阴云

1928年初，学校一放寒假，萧红就回到了家乡。到家后，她发现祖父的身体已经大不如前了，经常生病，而且精神也非常不好，常常会忘掉很重要的事情。萧红意识到，已经80岁的祖父剩下的生命可能不会太长了，有时候祖父睡着了，萧红就躺在他的身边哭，仿佛祖父已经离开了她一般。萧红后来回忆了自己这时的心情："我若死掉祖父，就死掉我一生中最重要的一个人，好像他死了就把人间一切'爱'和'温暖'带得空空虚虚。"为了多照顾照顾祖父，寒假过后，萧红晚了四天才返校。不过之后不久，她再一次回到了呼兰家中，还是因为祖父。

这一年的农历二月初五，是祖父张维祯的八十寿辰。在那样一个注重传统孝道的社会里，张廷举作为呼兰教育界的重要人物，自然要把养父的寿辰大办特办，而最受祖父宠爱的萧红，自然会被叫回家中。萧红一回来，就满心欢喜地奔向了祖父的屋子，但是紧接着心里便感到一阵难过，因为和不久之前比起来，祖父的脸色变得更白、更惨淡了。等屋里没人了，祖父又流着眼泪向她诉说，自己前几天解手的时候跌了一跤，差点跌断了腰，他感觉到，自己可能真的快要不行了。萧红听后，内心的悲伤更加难以抑制。

不过寿辰隆重而又喜悦的氛围，并不会因为这祖孙俩的忧愁而打丝毫的折扣。这次祝寿活动，轰动了整个呼兰县城，来宾中不乏呼兰当地乃至黑龙江省的军政要员。其中身份最为显赫的是黑龙江省"剿匪"司令、骑兵总指挥马占山将军。马占山将军后来在九一八事变之后，曾就任国民党黑龙江省政府代理主席兼军事总指挥，率领爱国官兵奋起抵抗日本侵略者，是东北现代历史上的风云人物。能和他攀上关系无疑是张家的巨大荣耀。马占山还带来了他的一众部下，比如曾任呼兰保卫团团长、此时已升任黑龙江省骑兵团团长并被授陆军少将衔的王廷兰。马占山亲临祝寿，自然让呼兰本地的大小官员不敢怠慢，就连县长廖鹏飞也来到了张家。席间，马占山提议将张家大院北面的胡同改名为"长寿胡同"，当场即得到落实。可以说，这次办寿真正使得张家风光无限。

令人奇怪的是，当时的张廷举还仅仅是在呼兰教育界颇有地位而已，说穿了不过就是一个小官僚，马占山作为整个黑龙江省军界的领袖人物，何以非要"屈尊"来为他的父亲祝寿呢？其实，这件事和萧红有关，更确切地说，是和前面提到过的萧红的那桩婚约有关。从现有的萧红传记资料中我们可以知道，张家确实为萧红定了一门亲事，但是关于此事的几乎每一个细节都疑点重重，这已经成为萧红研究领域最扑朔迷离的一桩悬案。

首先，萧红的这个未婚夫究竟叫什么名字？有人说叫汪恩甲，但也有人说叫"王恩甲"。不过这可能是所有谜团中最容易解释的一个，目前研究者基本可以断定此人姓汪，说他姓王的则是出于一种误解，即认为他是王廷兰的儿子。这就涉及有关此事的第二个谜团：汪恩甲与王廷兰究竟是什么关系？前者是后者之子的说法曾广为流传，这一说法不仅得到了很多与张家关系密切的人的支持，也能解释马占山祝寿之事：王廷兰是马占山将军的手下干将，为了体现对下属的器重，马占山才会在其未来亲家办寿的场合出面。不过研究者经过调查已经得知，王廷兰只有一个儿子王凤桐，他的生平也被研究得清清楚楚，与萧红并无任何交集，而汪恩甲的父亲则是一个小官员。因此，汪恩甲是王廷兰之子的说法不攻自破。当然二人之间或许有其他密切的关系，毕竟有不止一位知情者言之凿凿地指出，王廷兰曾为汪恩甲向张家提亲。有学者推测他们可能是近亲，也可能汪恩甲认过王廷兰作义父，甚至还可能二人本来确实是父子，只是汪恩甲被过继给了汪家……只不过从现有资料看，这些推测都很难被完全证实。第三个谜团则是：萧红究竟是在什么时候与汪恩甲订婚的？目前有 3 岁、14 岁、18 岁三种说法。研究者倾向于认为，张廷举作为一个"新派"人物不太可能那么荒唐，在孩子 3 岁的时候就给她定下八字没一撇的婚姻。不过萧红祖母范氏的娘家据说是军界人物，因此范氏与王廷兰或许有旧交，她在萧红小的时候和王廷兰有过口头的约定，还是很有可能的。至于 14 岁的说法，当时萧红还在读高小，王廷兰也不太可能正式向张家下聘礼，可能只是怕范氏已过世多年，张家后人会忘了这一码子事，所以托人再次向张家确认婚约而已。比较准确的说法是，1929年萧红18岁时两家才正式定亲。也就是说，在1928年张维祯过八十大寿的时候，萧红还没有定亲，不过这时候王廷兰拉着上司前来祝寿，很显然也是想顺便看一看萧红。

因此，祖父的寿辰虽然是喜事，但萧红这次回家却显然高兴不起来。她不但看到了祖父日渐衰老的身体，也看到了自己那已经被决定的命运。寿宴结束后不久，萧红依依不舍地辞别了祖父，一个人回到了哈尔滨。

在学生运动的大潮里

　　此后，萧红度过了大半年相对平静的校园生活，直到1928年11月，一场风潮席卷了哈尔滨。事情要从半年前说起：1928年6月张作霖被日本人炸死，张学良执掌东北军，日本人趁其立足未稳之际逼迫他签订了《满蒙新五路协约》和《中日民商合筑五路条约》。条约规定由日本人出资在东北修建吉敦路等五条新铁路。这五条铁路贯通黑吉辽三省，一旦修通，将直接成为日本进军东北的通道。消息传出，整个东北群情激愤，哈尔滨也爆发了大规模的市民抗议活动。从11月起，哈尔滨各大、中学成立了"哈尔滨学生保路联合会"，展开了轰轰烈烈的反帝爱国护路运动。萧红所在的女一中，最初由于校长孔焕书的压制，并未参与到运动中去。11月8日，当全市各大中小学一致罢课的时候，孔焕书一大早就把校门紧闭，只许进不许出，强迫学生照常上课。但是到了第二天，学生开始游行，当游行队伍经过女一中时，愤怒的学生翻过围墙、冲进校长室。他们先是和孔焕书激烈地辩论，后来干脆把她架了出来。这位平日里说一不二的"女皇"，此时已经惊恐万状，完全丧失了尊严。慑于形势，她只得同意学生参加游行，并指定代表参加学联会议。

就这样，萧红继"五卅惨案"之后，又一次参与到学生运动中。但是刚开始，她感觉到的不是激动，而是惊恐甚至羞辱：在校长封校的情况下，她们是被那些男学生用近乎暴力的方式"解放"出来的，因此她觉得一点也不光荣，甚至在男学生面前有点抬不起头来。不过庄严的游行很快让她忘了这种羞辱，走在浩浩荡荡的游行队伍里，萧红觉得自己的脚步都分外有力，听着队伍中不断迸发出来的"打倒日本帝国主义""反对日本完成吉敦路"的喊声，她感觉到凡是看到的东西无论是马路上的石子还是路旁的街树都变得异常严肃。到了11月10日，萧红和她的同学没再等男学生来拉，就自动出发了。这一天的游行主题，也由之前的"请愿"升级为"示威"，学生联合会主席做了慷慨激昂的演说，让萧红觉得很佩服。之后组织宣传队的时候，别人都是被推选出来的，只有萧红主动报名参加，她在漫天的雪花里，大声读着分发给她的传单……不过最终，游行队伍还是在警察的镇压之下溃散了。后来，由于东北当局的软弱，吉敦路也还是修通了。

萧红在运动中的积极表现，让孔焕书怒不可遏。她当初同意学生参加游行，本就是迫不得已，学生临行前，她还装模作样地教训她们："你们跟他们去，要守秩序，不能破格……不能像那些男同学那样，没有教养，那么野蛮……你们知道你们是女学生吗？记得住吗？是女学生！"而萧红的所作所为，在这位校长的眼中显然已经突破了"女学生"的底线，因此她扬言要开除萧红。不过此时的张廷举已经升任黑龙江省教育厅秘书，孔焕书自然不愿意得罪他，所以最终只是向张廷举告了萧红的黑状，提醒他对女儿严加管教。这已经使张廷举觉得十分丢脸了，更严重的是，萧红在"一一·九"游行中的英勇让她在哈尔滨的进步学生中小有名气，有人甚至慕名去女一中找她，因此她和不少男学生都有来往，这件事传到张廷举耳中，也令他十分不快。

另外，萧红和表哥陆哲舜的交往，尤其让张廷举放心不下。陆哲舜是法政大学的学生，家住哈尔滨市的太平桥，他的母亲是萧红家的远房亲戚，萧红叫她二姑。由于这层关系，萧红读书期间常去她家串门，因此与陆哲舜早有一些交往。到了学生运动的时候，他们成为战友，关系迅速变得亲密起来。这不能不引起张廷举的警觉：陆哲舜虽然还在读书，但已经娶妻生子（这在当时的大学生中很常见），如果萧红真的和他有了什么瓜葛，无疑会大大败坏张家的"门风"。更何况，萧红身上此时已有婚约，如果闹出什么岔子，他也无法向王廷兰交代。不过，所有这些事情，张廷举都仅仅是听到了一些流言，没有抓到什么确切的把柄，所以也不能立刻把萧红怎么样。但是，为了防止夜长梦多，他已经开始筹划和汪家正式定亲的事情了。

张廷举着急定亲还有一个原因，那就是萧红的祖父和汪恩甲的父亲此时都身患重病，而中国民间一直有"冲喜"的说法。如果家里有久治不愈的病人，就要办一件婚嫁之类的喜事，用喜气来"冲"掉晦气。因此，在"一一·九"游行之后两个月，即 1929 年年初，萧红正式订婚。出人意料的是，生性倔强的萧红面对这一桩典型的包办婚姻，竟没有丝毫的反抗，而是平静地接受了。不过这也是不无原因的：首先，萧红的决定很可能与祖父有关，尽管她不会相信什么"冲喜"的鬼话，但是作为长辈，当然希望在离开世界之前看到孙女的"终身大事"能有个着落，这也是人之常情。为了让祖父得到人生中最后的慰藉，萧红甘愿忍受一点委屈。其次，汪恩甲曾就读于吉林省立第三师范学校，订婚之时他已经毕业，在哈尔滨市道外区的教会三育小学任教。作为一个同样受过新式教育的人，他和萧红在"三观"上的差异也不会太大，这应该是萧红同意这桩婚姻的决定性因素。最后，还有一个不那么冠冕堂皇的原因——据说，汪恩甲是个一表人才的美男子，且气质绝佳。萧红并非寻常女子，但在帅哥面前也还是没有抵抗力。

订婚不久，汪恩甲的父亲（据近年披露的资料，汪父名叫汪子勤，但也有学者认为此说不可信。暂且存疑）去世。萧红以未婚儿媳妇的身份，到位于哈尔滨顾乡屯的汪家奔丧还带了重孝。她的表现让汪家人很满意，并因此得到了二百元的赏钱。由此可见，至少在此时萧红对这桩婚事还是非常认可的。不过她很快后悔了，因为在后来的交往中她得知，汪恩甲竟然抽鸦片！即使他别的方面都能令人满意，单凭这一点，就能让萧红对他的所有好感顷刻间化为乌有。要知道，当时抽鸦片在某些偏远地区虽然还比较普遍，但是萧红身边的青年知识分子的圈子中，几乎无人有此种恶习。所以萧红曾向自己的密友抱怨："我为什么要嫁给一个吸鸦片的烟鬼呢？"更何况萧红还发现，在他那漂亮的皮囊里面包裹着的，其实是一个平庸的灵魂。如前所述，萧红当时与很多进步男青年都有来往，他们经常会讨论一些关乎民族国家命运的问题。然而汪恩甲却对此丝毫不感兴趣，他身上更多表现出来的是一些纨绔子弟的习气。因此，萧红跟家里提出退婚。但是这种事情答应起来容易，想要反悔可就难了。家人自然不可能顺着萧红的性子，只是劝说她忍一忍，汪恩甲要是真有什么不对，让他家里管教管教就是了。于是，萧红陷入了深深的苦闷中。

然而萧红马上遇到了比婚事更加严重的打击。1929 年 6 月 7 日，正在校园里的萧红接到了祖父病危的电报。等她赶回家里，却看到家门口已经挂起了高高的白幡，院子里也传来了凄厉悲怆的喇叭声，她终于没能赶上见祖父最后一面。祖父出殡那天，萧红感到了一种恐怖，因为世界上唯一一个爱她的人离开了。她大声痛哭起来，这哭声不仅仅是为了祖父，也是为了她自己。萧红后来在文章中说："我懂的尽是些偏僻的人生。我想世间死了祖父，就没有再同情我的人了；世间死了祖父剩下的尽是些凶残的人了。"

随着祖父的死，萧红与她的那个冷冰冰的家庭之间，割断了最后一缕感情的纽带。葬礼结束返回学校后，萧红以更加狂热的姿态投入了学生运动。这自然主要是由于她的爱国热情，但是也未尝没有这样一种可能：萧红故意把注意力转移到公共社会领域，借此忘却个人的不幸。

一次次的出走

从学生运动的狂热中冷静下来以后，萧红再一次走到了命运的十字路口。1930 年初夏，萧红马上就要中学毕业了，此后应该何去何从？她自己希望能够继续升学，而且最好是能到北平读书。但这却遭到了家人的强烈反对。一方面，去北平读书费用昂贵，张家此时的经济状况已经大不如前，想要满足她的要求并不容易。更何况这时的萧红已经 19 岁，到了该嫁人的年龄，所以家人也不愿意在她身上白贴钱。另一方面，萧红在哈尔滨读书的时候，又是参加学生运动、又是和男学生交往（尤其是与表兄陆哲舜往来密切），早已让整个家族非常不满。不过因为哈尔滨离呼兰很近，且张廷举在省内教育界还有一定地位，张家还能对萧红的行为有一点监督和控制。而一旦萧红去了遥远的北平，他们就鞭长莫及了，那样一来，说不定这个本来就桀骜不驯的丫头会变得更"坏"。所以，家里催促她尽快嫁给汪恩甲，甚至已经和汪家联系，开始置办结婚用品。

因此，毕业前夕的萧红异常苦闷。她的同学觉得她整个人都变了，脾气越来越古怪，有时甚至喜怒无常，还经常一个人偷着抽烟、喝酒。几个天真的同窗好友当时正在读鲁迅的《伤逝》和易卜生的《玩偶之家》，遂建议她学《伤逝》中的子君和《玩偶之家》中的娜拉，逃离家庭一个人去北平。于是，萧红萌生了逃婚的念头。不过她也清楚，要是真的独自出走，别说读书，就连生存下去都是很大的问题。就在这时，陆哲舜帮她坚定了信心。陆哲舜的婚姻也是家庭包办的，他对此一直非常不满，因而看到萧红的遭遇，自然有同病相怜之感。两人都是接受了新思想的青年，又在学生运动中结下了深厚的"战斗友谊"，他认为自己应该出手帮助萧红。于是陆哲舜做出了一个决定：从法政大学退学，并率先去了北平，入中国大学读书，以便萧红日后逃到北平时可以照顾她。

萧红知道家人不可能同意她去北平，就再一次实施了"骗术"：她假装同意结婚，还骗取了家里一笔嫁妆钱，然后带着这笔钱溜之大吉。陆哲舜先在北平找好了住处，然后特地回到哈尔滨接萧红。二人一起来到北平后，租了一个小院同住。安顿下来后，萧红顺利进入了北平女子师范大学附属女一中高中部学习。为了免遭猜疑，陆哲舜和萧红对别人声称他们是舅舅和外甥女的关系。但实际上，这对志趣相投又遭遇相似的年轻人，已经自然而然地萌生了超越友谊的感情。陆哲舜曾经向家里提出离婚的要求，自然遭到了坚决反对。毕竟陆家和张家有亲戚，萧红的出走也令陆家十分尴尬。后来家里干脆中断了对陆哲舜的经济支持，这样他和萧红在北平的生活就变得异常艰难。

好在陆哲舜在北平还有一些好友，如他中学时的同学、此时正在北京大学读书的李洁吾等。这些人常来他们的住所聚会，不但慰藉了这对身在异乡的青年的寂寞，还偶尔给他们一些物质上的帮助。1930年冬天，两人已经穷得连买冬衣的钱也没有了，这时还是李洁吾从其他朋友那里借了20元钱，帮他们解决燃眉之急。不过这些人毕竟都是靠家里供养的穷学生，想凭他们的帮助维持生活，显然是不现实的。11月中旬萧红接到家里来信，命令她赶快回家结婚；紧接着，12月陆哲舜也接到了家信，警告他说如果寒假回东北，就给他寄路费，否则什么也不寄。最终在生计的压力下，陆哲舜屈服了，萧红一个人也没有办法再坚持，二人于1931年1月带着屈辱与不甘回到了哈尔滨。

萧红没敢直接回家，而是先到哈尔滨的一个同学家住了四天，不过最终还是回到了呼兰。一到家她就被软禁了起来，可以想象，等待着她的将是怎样的责骂与羞辱。本已经是黑龙江省教育厅秘书的张廷举，也因为萧红的"丑闻"而受到牵连，以"教子无方"的罪名降职为巴彦县教育局督学，此时的他一定会把全部怒火尽情发泄到萧红头上。不过除了教训萧红外，张家更重要的任务，是用软硬兼施的办法逼迫萧红尽快成婚，毕竟这才是避免萧红继续给他们"丢脸"的治本之道。萧红在家里过的，可以说是暗无天日的日子。然而没过多久，她居然利用了家人渴望其成婚的迫切心理，再一次逃脱成功，手段和上一次一模一样：先是假意妥协，然后以置办嫁妆的名义向家里要了一笔钱，而后带着这笔钱离开呼兰。只不过这一次萧红做得更加过分，她不但骗了家里人，到了哈尔滨以后还和汪恩甲及他的家人周旋了一阵，可能还得到了汪家馈赠的一些财物。因为汪家人满心相信，这个未过门的儿媳妇终于同意嫁过来了。

　　但是两家人都不知道的是，萧红一到哈尔滨，就暗中与陆哲舜取得了联系，碰头地点是萧红中学同学的家里。1931年2月末，距离他们第一次出走失败回家仅仅一个多月，陆哲舜就再一次为萧红买好了去北平的车票，并亲自送她上了车。不过因为有了上次的教训，陆哲舜这回并没有与萧红同去，只是给李洁吾拍了一封电报，请他替自己照顾萧红。然而萧红一到北平，就遭到了当头一棒：她就读的女子师大附属女一中，校规校纪非常严格，其中规定每学期无故旷课超过一周者，就要"命其退学"。如确实有事无法到校，必须家长事先来函说明理由，如果来不及，也必须在三日之内补交证明，否则就要按旷课处理。这所学校的寒假非常短，只有24天，萧红回来时早已错过了开学日期，想让父亲为她出具证明信显然是天方夜谭。如果换一所学校就读，萧红又拿不出大笔的学费，因此她的求学梦想就破灭了。

　　这样一来，萧红继续留在北平也就没有了意义，不过她还是听从了李洁吾的劝说，等陆哲舜到北平之后再商议下一步的计划。然而过了一段时间，萧红等来的不是陆哲舜，而是另一个人——汪恩甲。如前所述，两人订婚初期曾经有过一段交往，虽然后来萧红对他感到厌恶，但汪恩甲却是一直真心喜欢萧红的，因此当萧红第二次出逃时，他决定追到北平。萧红在北平期间和很多来自哈尔滨的青年学生都有交往，汪恩甲通过辗转打听，知道她在北平的准确住址并非难事。就这样，汪恩甲找到了萧红。此后二人之间究竟发生了什么，我们不得而知，但是不久以后，萧红竟然跟着汪恩甲回到了哈尔滨。这是在1931年3月末4月初，也就是说萧红的第二次出走，只持续了一个月左右。

汪恩甲究竟是如何说动萧红的，我们如今只能猜测。他说不定会软硬兼施，一方面反复表白自己的真心，并承诺结婚之后允许萧红继续读书；另一方面对她进行威胁，警告她一个人在北平是生活不下去的。甚至有一种说法称，汪恩甲扬言要去北大控告李洁吾，说他和萧红之间有不正当关系（据李洁吾回忆，汪恩甲第一次来找萧红的时候，他恰好在萧红家里闲聊，因此汪恩甲还大为吃醋），萧红是为了不连累朋友，才同意回哈尔滨的。

其实萧红之所以跟汪恩甲走，可能还有一个更重要的原因，那就是表哥陆哲舜在两次出走过程中所表现出的犹豫和妥协。尤其是第二次没有与她同行，让她感觉到失望，认为这是一个靠不住的男人。当然这也不能全怪陆哲舜，即使他能咬牙扛住来自家族、来自舆论的压力，但是面对经济上的窘迫，他也无计可施。无论他多么喜欢萧红，但毕竟爱情不能当饭吃。回顾整个事件，陆哲舜确乎一直在尽力帮助萧红，但是在强大的传统势力面前，个人的力量实在是太渺小了。此后，陆哲舜与萧红的人生基本上不再有交集。

因为这时候萧红毕竟还没有过门，汪恩甲不能一直和她在一起，所以二人在哈尔滨短暂停留后，萧红再次回到了呼兰，紧接着经历了人生中最黑暗的一段时光。她两次出逃的前车之鉴，让张廷举丝毫不敢放松对她的管束。这一次，张廷举干脆不再让她住在自己家里，而是让她和自己的继母一起住到阿城县福昌号屯。这里可以说是张家的大本营，萧红的高祖张明贵早在清嘉庆年间就在此地开荒，并逐渐发达，福昌号屯这个地名，就是源自张家烧锅作坊的字号"福昌恒"。直到19世纪末（萧红出生之前十多年）张家分家以后，萧红的祖父张维祯才搬离福昌号屯，来到呼兰定居。前面说过，张廷举并不是张维祯的亲儿子，而是从张维祯的堂弟张维岳那里过继来的，实际上张廷举12岁之前一直生活在福昌号屯。到了这时候，他的继母徐氏（张维岳的继室）及兄弟们也仍然在老家，因此把萧红送到福昌号屯是一个自然而然的选择。

为了防止匪患，福昌号屯四周都被一条三米多深的壕沟围着，夏天还要灌满水，想进出屯只有通过南门和东门。张家老宅位于屯子的正中央，被称为"腰院张家"，戒备更是异常森严。腰院被一道1.5米厚、3.5米高的大土墙围着，围墙的四角都设有炮台，上面架设着步枪和土炮，昼夜有人放哨。整个腰院只有一个南门，且平时正门不开，只开一个角门，有更夫把守。在这样的情况下，萧红别说逃离福昌号屯，就是走出张家老宅都难比登天。退一步说，就算她真的能逃出去，也无路可走，因为屯子的周围都是农田，离最近的阿城县城也有二十多公里。因此，萧红只能放弃逃跑的打算。

在福昌号屯，萧红过着囚徒一般的日子。由于她之前的"劣迹"，族人都把她视为异类，严密监视着她的一举一动。尤其是继祖母徐氏，更把她当成了祸水。本来萧红还有未出嫁的姑姑和刚过门的小婶两个人勉强可以谈谈天，她们虽然没受过新式教育，但都是二十多岁的年轻人，和萧红还是有些共同语言的。可徐氏生怕她们被萧红"教坏"，所以不让她们和萧红在一起。而且在这里，萧红根本看不到任何新式书籍和报纸，这更加重了她精神上的苦闷。有时她甚至还要忍受肉体上的折磨，因为大伯张廷蕙是一个脾气暴躁、据说还有轻微精神病的人，他经常对萧红拳脚相加。家里的其他人虽然也仇视萧红，但萧红终归不是自家的孩子，只是在这里暂住的亲戚，他们也不好意思太苛待她。

在萧红被囚禁了近半年以后，九一八事变爆发了。然而这一场国难却意外地给萧红带来了逃走的机会：事变发生后，日军迅速进占辽吉两省，战火燃及之处无不人心惶惶，黑龙江也危如累卵；与此同时，各地的胡子（土匪）无不闻风而动，他们有的在民族危亡之际打出了抗日的大旗，有的只是想趁乱浑水摸鱼。在这样的时局下，福昌号屯也陷入惊恐之中。他们已经自顾不暇，一面安排保家护院，一面计划疏散妇孺，自然也放松了对萧红的看管。因此，1931 年 10 月 4 日，萧红终于找到机会，搭上了一辆送白菜的马车，前往阿城县，随后转火车来到哈尔滨。

这次出逃，很可能是张家故意网开一面，在混乱的时局之下，他们或许巴不得摆脱萧红这个累赘。不过无论如何，萧红终于逃离了这座地狱。这是她第三次，也是最后一次从家族出逃，此后，她再也没有回过那个家。

落难与自救

　　来到哈尔滨后，萧红曾短暂住在东特女二中的学生宿舍。她的两个堂姐妹都在这里读书，她们为萧红安排了住所，还替她向学校申请到了当插班生的资格。不过萧红并没有在这里住太久，因为两个堂姐妹若要帮她，只能靠自己节衣缩食，她不好意思让她们为难。更何况，她们的钱也都是家里给的，以萧红的刚烈性格，她既然决定与家族决裂，便不愿再花家里的钱，无论是以直接还是间接的方式。离开东特女二中后，萧红先后找了昔日的一些同学和老师，求他们替自己谋个饭碗，但他们也是爱莫能助。

　　此时，萧红又做出了一个匪夷所思的决定：去找汪恩甲。之前萧红的数次被囚禁和出逃，全都是因为这个人，现在她终于重获自由，为什么会选择自投罗网呢？这不能简单归因于生活所迫，实际上当时张家的很多兄弟姐妹都在哈尔滨读书，他们都很关心萧红，也愿意接济她，所以即使萧红独身一人在哈尔滨，也还不至于生活不下去。如果说萧红不愿意依靠他们是出于自尊的话，那么主动投靠汪恩甲，这个自己之前拼命逃离的人，岂不是更丢人吗？

这件事确实令人捉摸不透，但我们也可以找到一些解释。比如，萧红此时对于陆哲舜的失望已经达到极点，如果说此前第二次出走北平时，他没有同行还情有可原的话，现在萧红人在哈尔滨且陷入绝境，他竟然不闻不问，就显得有些冷血了。即使他为家庭所迫不能帮助萧红完全摆脱窘境，至少在经济上提供一点支援还是可以办到的，然而他什么也没有做。因此萧红主动投入汪恩甲的怀抱，未始没有一点"报复"陆哲舜的意味。还有一个可能的原因是，时局的发展改变了她对汪恩甲的态度。1931年10月起日军北犯黑龙江，企图攻占省城齐齐哈尔，而奉命镇守齐齐哈尔的恰恰是马占山将军，尽管守军最终寡不敌众，在固守多日后撤出了齐齐哈尔，但他们在战斗过程中的英勇和顽强，还是得到了举国上下的钦佩。王廷兰作为马占山将军的股肱，必然也要参加战争。萧红之前在学生运动中的表现已经证明，她是一个不折不扣的热血青年，因而在她眼中，此时的汪恩甲已经不再是那个包办婚姻中自己不得不接受的对象，而是一个和民族英雄有密切关系的人，和他交往，甚至意味着一种荣耀。

尽管汪恩甲此时仍然爱着萧红，但是，他的家人却早已对萧红失去耐心，萧红的几次出逃，让他们觉得丢尽了脸面，因此他们准备向张家提出解除婚约。汪恩甲还是愿意接受萧红的，却无法把她带回家，只能和她在哈尔滨的东兴顺旅馆同居。很快萧红便怀了孕，这让她满心欢喜，一是因为在经历了太多的漂泊后，汪恩甲至少给了她一个暂时安稳的依靠。二人的这段相处，使得萧红对汪恩甲的恶感渐渐消失，甚至可能已经爱上了他。现在即将看到二人感情的结晶，对萧红而言自然是一件高兴事。二是因为萧红还存在着一种幻想，即她的怀孕能让汪家人回心转意，同意接受她这个走了许多弯路的儿媳妇。但是汪家的态度十分坚决，他们绝不能原谅萧红，因为汪恩甲跟萧红在一起，还断绝了对他的经济支援。汪恩甲只是一个小学教师，单凭自己的收入虽可以勉强维持二人的日常开销，但要支付长期住旅馆的花费，就很成问题了。

　　1932年5月，二人在旅馆里住满半年后，他们欠旅馆的账已经超过四百元，此时萧红的肚子也越来越大。面对着不断逼债的旅馆老板和快要生产的爱人，汪恩甲不得不想办法。一天他对萧红说自己要回家一趟，试试能不能要出一些钱来。但是，此后他再也没有回到萧红身边。多年以来，人们都以为汪恩甲是故意玩弄并最终抛弃萧红，以此作为对她的报复，但是近年来有研究者通过查访汪家后人，了解到事情还有另一种可能：汪恩甲的本意大概是真想向家里要钱还账，但是一进家门就被父亲和哥哥扣留，所以他的离开，其实只是出于不得已。

　　无论背后的原因是什么，汪恩甲的离开都把萧红再一次推入了绝境。旅馆老板知道她无钱还债，就断绝了她的伙食。此后，她只能到伙房捡点儿残羹冷炙充饥。后来老板心生歹意，想把她卖到妓院里，以冲抵损失。萧红这时已经彻底无路可走，只能苦盼着汪恩甲的归来。到了7月初，她已经愈发行动不便，同时也意识到汪恩甲不太可能回来了，甚至还听说旅馆老板已经联系好了妓院……万分危急之中，她给一个素不相识的人写了一封信，这个人就是哈尔滨《国际协报》副刊主编裴馨园。《国际协报》一直是在东北影响力很大的进步报纸，九一八事变后，该报发表了大量谴责侵略者罪行的文章。1932年2月哈尔滨沦陷，次月伪满洲国成立。日伪当局为了宣传所谓"日满协和"，准许《国际协报》等当地报纸继续出版，但是加以许多限制。尽管如此，在裴馨园等人的努力下，报纸上的许多文章仍然时常以隐晦的笔法针破黑暗的社会，曲折地表现日寇统治下人民的不满。萧红一直是该报的热心读者，在危难之际她想试试能不能从报馆得到帮助。

幸运的是，裴馨园是一个热心人，而且他身边还团结了一批年轻、热情而又有正义感的青年编辑和作者，如萧军、方未艾、舒群、金剑啸、白朗、罗烽，等等。裴馨园于7月10日接到信后，对萧红自述的经历感到十分震惊，第二天就带着几个人去旅馆看望她。尽管他们也负担不起萧红欠下的债务，可他们毕竟是报馆的人，做生意的对媒体还是很忌惮的，一旦报纸真的登载出对其不利的消息，很可能让他们的生意做不下去。所以裴馨园等人找到老板，在出示证件、说明来意后，警告他不可对萧红轻举妄动，并要求他照常供应她的伙食，费用由报馆负责。老板虽然非常不情愿，但也只能答应。

此后，萧军受裴馨园之托给萧红送书，二人一见钟情，迅速坠入了热恋。

萧军原名刘鸿霖，比萧红大四岁，生于辽宁。在他小时候，母亲因为不堪忍受父亲的家暴而自杀，所以他长大后对父亲充满怨恨，甚至扬言要为母亲"报仇"。或许正是这种弑父情结，让萧军养成了刚烈、桀骜的性格。1917年10岁时，他跟随父亲来到长春，次年入小学，后因顶撞教员被开除。1925年他被送到吉林城做了一名骑兵，在军营里学会了作旧诗，过着沉迷于诗酒的生活。后在一些师友的影响下接触到了新文学，为日后投身创作埋下了种子。1927年，他考入东北陆军讲武堂的宪兵教练处，次年以第二名的成绩毕业，被分配到哈尔滨当了一名宪兵，却很快由于看不惯宪兵的腐败生活方式而辞职。后又考入东北陆军讲武堂的炮兵科，然而1930年临近毕业时却因与长官发生严重冲突而被开除。不久被东北军二十四旅旅长黄师岳招至帐下，可他竟在士兵中发起"反军阀运动"，吓得黄师岳只好让他走人。九一八事变后，他又到舒兰组织抗日义勇军，却因投降派煽动哗变而失败，不得不逃回哈尔滨。但是萧军的抗日热情并未熄灭，他一边为抗日部队做联络工作，一边通过文学写作进行抗日宣传。1932年2月5日哈尔滨沦陷后，萧军一度打算到乡下去打游击，却因条件不成熟只能作罢。

萧军自此脱离了军人生涯，在哈尔滨生活无着。他虽创作并发表了一些作品，但是当时哈尔滨的很多报刊都没有稿费，于是在4月投书裴馨园，说明了自己的困境。裴馨园非常欣赏他的文学才华和豪放性格，遂让他帮助自己编报纸，同时为报纸写稿，每月给他一定报酬。因此，有人说萧军是"哈尔滨有史以来第一个职业作家"。萧军虽然弃武从文，身上却依然保留着勇武、粗暴的性格，对于萧红来说，爱上这样一个人既是一种幸运，也埋藏着不幸的根苗。萧军第一次见到萧红，是在

7月13日，这时他刚在裴馨园身边工作不久，收入仅仅够个人的开销，没有任何积蓄，因此他除了再次警告老板不许打萧红的坏主意外，也没有办法帮助她彻底脱离困境。无论如何，萧红欠着老板的债是事实，萧军、裴馨园等人总不可能仗着媒体人的身份强行把她从旅馆带走。

萧红的命运确实充满了传奇色彩。这一次，她又是因为一场灾难而意外逃脱。自1932年6月下旬开始，哈尔滨一直阴雨连绵，进入7月，竟然连续27天降雨，这是自哈尔滨有气象记录以来最长的一次。到了8月7日，松花江堤决口，几乎半个哈尔滨都变成一片汪洋，尤其是东兴顺旅馆所在的道外区，大街小巷都成了河道。老板看到生意已经完全毁了，只好自顾逃命，其他房客也都走了，只剩下萧红一个人住在旅馆的二楼——楼下此时已经被淹没。街上有好多救生船来来往往，萧红幸运地搭上了其中一艘，从此逃离了东兴顺旅馆。

值得一提的是，萧红走后，萧军还雇了一条船去接萧红，但是到了旅馆后，却发现那里已经人去楼空，只能带着焦虑和遗憾离开。然而，后来的许多萧红传记中都写道，是萧军把萧红救了出来。这实在是一件令人费解的事情，因为无论是萧红自己还是萧军，在回忆这次逃脱的过程时都明确讲过，萧红是一个人搭船离开的。或许，造成研究者失误的原因，并不是运用史料的不准确，而是那种模式化的"英雄救美"的故事给人的印象过于根深蒂固了，因此有的研究者在考察萧红生平时，也难免加上一点想象。

离开东兴顺旅馆后，萧红按照之前萧军留给她的地址，找到了裴馨园的家。这里由于远离河道而没有受到洪水影响。自此，萧红就住在了裴家。过了不久，萧军也搬了进来。裴馨园当时除了编《国际协报》副刊外，还同时担任着另外两个报纸的副刊编辑，所以收入还算不错，负担萧红、萧军二人的吃住不是什么大问题。不过他的妻子黄淑英是个没有文化的家庭妇女，对于家中先后住进两个陌生人，感到很是不快。因此二萧虽然暂时有了栖身之所，但仍时时觉得别扭。

从欧罗巴旅馆到商市街

　　1932年8月底，萧红腹痛难忍，整天在土炕上翻滚着。萧军看出她快要生了，就找到裴馨园，但是裴馨园只给了他一元钱，说："慢慢有办法，过几天，不忙。"萧军对裴馨园的冷漠非常愤怒，他感觉到，即使他们是朋友，悬殊的经济地位也让二人之间产生了不可逾越的鸿沟。

　　萧军只能怀着屈辱，拿着一元钱回到萧红身边。没等进门，他就听到了萧红撕心裂肺般的尖叫，进去时发现她已经疼得快要昏迷了，于是立即雇了一辆马车，把她送到哈尔滨市立医院。医生检查后，说离产期还有一个月，并说在医院生产要预交15元住院费。他们相信了医生的话，又回到裴馨园的家，但是萧红刚一到家就脸色惨白，并不断地呻吟。萧军马上意识到：萧红确确实实已经临产，医生很可能看出他们根本负担不起住院费，所以故意把他们支走。然而这时要借到15元的"巨款"已经来不及了，裴馨园明显已经指望不上，至于其他朋友，则基本都和他们俩一样穷。萧军索性使出了他的蛮劲儿，强行把萧红送到了医院的三等产妇室。入院第二天，萧红顺利产下一个女婴。但是二萧明白，他们的处境已是自顾不暇，根本无力抚养这个孩子，只得把她送人。

由于产前一直处在颠沛流离的状态，萧红的精神不断受到刺激，再加上营养不良，产后不久就病倒了。然而他们本来就没交住院费，所以医生拒绝给她治疗。这时萧军又故技重施，抓住医生的衣襟威胁他说，如果病人有个三长两短，就要杀了他的全家，还要杀了他们院长的全家……医院里的所有人都被他的架势吓住了，赶紧给萧红打针吃药。幸好，萧红的病情很快缓解了，医院也不敢再向他们讨债，只是催促他们尽快出院，好给别人腾地方。在医院住了一个月后，他们于10月初出院，萧红的小说《弃儿》，就是以自己的这段经历作为素材来写的。

出院后，他们再次回到裴馨园家。长期的寄宿，使得二萧和裴家的矛盾渐渐浮出水面。终于，在11月上旬的一天，萧军和黄淑英爆发了激烈的争吵，双方彻底撕破脸皮。裴馨园夹在朋友和妻子之间左右为难，只能尽量躲着萧军，后来干脆打发女儿给萧军送来一封信，劝他们搬到别处去住，信封里还装着5元钱。接到信的第二天，二萧就租了一辆马车，带着简单的行李离开裴家，成了一对流落街头的无家可归者。

萧军带着萧红住进了位于新城大街的欧罗巴旅馆。这是一家白俄罗斯人经营的旅馆，正好空着一间三层的阁楼，由于空间狭小、屋顶还是斜的，没有人愿意住，所以他们就住在了这儿。旅馆的房价本是每月30元，但是自从夏天的大水以后，哈尔滨住房奇缺，这时房价已经翻了一番，每月要60元。萧军和萧红刚安顿下来，旅馆的白俄经理就进来让他们交一个月的房费。萧军本来就只有裴馨园给的5元钱，来时雇马车又花了5角，剩下的只有4元5角了，所以只能先交一天的房费。经理拿着2元钱，非常不满，要求他们第二天就搬走。萧军蛮横地拒绝，于是双方吵了起来。萧军遂从行李中掏出一把剑威胁经理，不过剑是裹在纸里的，他并没有拆开，对方误以为是枪，慌慌张张地逃走了，还叫来了警察。经过一番盘问，警察最终带走了那把剑，但是二萧总算暂时安顿下来了。

和裴馨园闹翻后，萧军无法继续在报馆帮忙了，唯一的经济来源就此失去。付了一天的房费，就只剩下可怜的2元5角钱，根本不够吃几天的，更别说房钱了。为了生活，萧军在报纸上登了一则求职广告，说自己可以做家庭教师，国文、武术都能教。或许是想看看这个"文武双全"的家庭教师究竟是个什么人，还真有一些人前来询问，就这样，萧军终于又有了新的工作，每月能有20元钱的收入。这让他们的生活暂时有了些改善，但是旅馆每天的房钱就有2元，所以这笔收入仍然是杯水车薪，甚至连保证两个人吃饱饭都成问题。萧红后来在她著名的散文《饿》中，极其细腻地描绘了自己在饥饿之下的心理活动，比如看到过道里别人房间门口挂的"列巴圈"（俄式面包圈），想偷而又终究下不了决心的微妙心态；再如肚子饿得咕咕叫时产生的幻想："桌子可以吃吗？草褥可以吃吗？"……如果一个作家不是真正有过刻骨的饥饿体验，是不可能写出这样精彩而令人动容的文字的。

这时的二萧，一个拼命在外工作，不放弃任何赚钱的机会，另一个则向所有可能的人求助。萧红甚至写信给了自己昔日的老师高仰山，请求他的援助。高仰山来看望了萧红，并丢下一张钞票。然而萧军就是再拼命，也难以维持二人的生活；萧红靠师友接济，更不是长久之计。幸运的是，二人的生活很快迎来了转机：哈尔滨铁路局的一个汪姓科长看到萧军登的广告后，邀请他做家庭教师，教自己的儿女一点拳棒。汪科长家里正好有一间空房，他建议二萧搬去住，以学费冲抵房租。二萧自然是求之不得的，这样，他们在欧罗巴旅馆住了不久之后，就于1932年11月末搬到商市街，自此在哈尔滨终于有了一个落脚处。

汪科长一家对二萧还算客气。在他们搬来的当天晚上，主人就前来拜访。他的小儿子叫汪玉祥，对住在自己家里的老师也很热情。巧的是，汪玉祥的三姐汪林，恰是萧红读中学时的同校同学，萧红已经完全不记得她了，但她却对萧红印象颇深，这大概是萧红当年在学生运动中特别活跃的缘故。然而住在昔日同学的家里，却让萧红好生感慨：汪林这个小康人家的大小姐，如今还保持着少女般的身材与相貌。而萧红自己呢，虽然同样只有21岁，但是生活的奔波和生育、疾病的折磨已经让她看起来像个三四十岁的中年妇人。

尽管有了住处，省下了房租这笔最大的开销，同时自己开伙也比吃小饭馆便宜得多，但二萧的生活仍然并不宽裕。教汪家少爷的学费抵了房租，萧军还得做其他工作来赚取二人的生活费。但他找到的所有工作都是不稳定的，所以二人的生活也是有上顿没下顿，他们仍然不得不继续靠借债和典当度日。然而他们却保持着乐观的态度，即使再艰难，也要学着外国电影里面那样度蜜月：人家是男主角把奶油抹在白面包上送到女主角嘴里，萧军却只能把白盐抹在黑列巴上，让萧红先咬一口，自己再吃。有时盐抹多了，萧军被咸得龇牙咧嘴，一边喝水一边自嘲："不行不行，再这样度蜜月，把人咸死了。"

出生于大户人家的萧红，从小就没做过任何家务，但是到了这时候，却不得不扮演家庭主妇的角色。刚开始，她连炉子都不会烧，一次次地生起火来，又一次次看着炉火熄灭，她只能干对着炉子生气。好容易把火生好做饭的时候，不是把菜炒糊，就是把米饭煮夹生。但萧军总是和她一起愉快地吃着，二人就这样过着艰难而又温馨的生活。

不过二萧之间也不是没有摩擦。比如萧红听说一位朋友金剑啸为电影院画"广告"（即影片的宣传画），每月收入能达到40元，就禁不住怦然心动。后来在报纸上看到某电影院招聘广告员，她为了减轻萧军的负担，就想去试一试，毕竟她在中学时代是跟高仰山认真学过绘画的。然而萧军觉得这种广告是骗人的，不想让她去。萧红却执意要试一试，最终他只能陪着她去应聘，不出所料地碰了壁。为此萧军不停地埋怨萧红，二人还吵了一架。可是后来，萧军自己却又去了电影院两趟，结果同样是无功而返，回到家后还抱怨，说那些电影不是什么"情火"就是什么"艳史"，全都无耻又肉麻，自己绝不可能干那样无聊的事……萧军的反复无常和心口不一，让萧红觉得哭笑不得，但她明白，萧军的这般表现，也是生活所逼。

几天后，金剑啸找到萧红，说画广告的活儿太多，自己一个人忙不过来，让她当自己的副手，收入两人平分，每月各得20元。萧红愉快地答应了。可是工作第一天，她就忙到了晚上10点，萧军出去找她没找到，回到家就开始生闷气，等萧红回来，两个人又大吵了一架。第二天醒来情绪平静后，他们意识到这样一笔收入的重要性，因此言归于好，并一起去画广告，萧红做金剑啸的副手，萧军做萧红的副手。但是过了几天，萧红在工作中出现失误而被老板解雇，她的职业梦想就此破灭。这段经历，成了萧红后来的两篇散文《广告副手》和《广告员的梦想》的素材。

初登文坛

金剑啸这个人，很值得多说几句。他 1910 年生于沈阳，3 岁随父母搬到哈尔滨，中学毕业后考入哈尔滨医学专门学校。他 18 岁即开始文学创作，次年弃医从文，担任哈尔滨《晨光报》编辑。1929 年夏入上海新华艺术大学学习美术，次年转入上海艺术大学，读书期间参加了田汉领导的南国社、左明等组织的摩登社等戏剧团体。1931 年加入中国共产党，同年 8 月受组织委派回哈尔滨工作，先后担任《东三省商报》《大北新报》《黑龙江民报》等报纸的记者、编辑，并为中共地下党刊物《满洲红旗》画插图。东北沦陷后，他一直积极从事抗日活动，1936 年 6 月被日伪当局逮捕，两个月后英勇牺牲于齐齐哈尔，年仅 26 岁。

金剑啸于 1932 年秋天结识了二萧，他的艺术才能和爱国情怀让二萧十分欣赏，他们很快成为密友。当时正值水灾过后，灾民遍地，而可怕的严冬马上就要来临。为了救济灾民，金剑啸和中共满洲省委候补委员罗烽组织了一次赈灾画展。展品中多半是金剑啸自己的藏品，他把在上海学到的前卫艺术理念带到了哈尔滨。然而或许是他的理念很难骤然被接受，画展筹集到的钱并不多。即便如此，画展还是引起了社会各界对灾民的关注，也让日伪当局感受到了压力，使他们不得不对灾民采取一些救济措施，因此可以说这次画展还是比较成功的。萧红也为画展画了两幅画，得到了组织者的赏识。更重要的是，通过这次活动她结识了很多进步的年轻朋友，找回了学生时代参加社会运动的激情，也在某种程度上缓解了艰难的生活带给她的痛苦。同时，这也为她之后登上左翼文坛做好了铺垫。

画展结束后，金剑啸发起了"维纳斯画会"，多数参加过画展的朋友都加入了。萧红又提议成立一个剧团，朋友们也都热烈响应，第一次讨论剧团事务时，参加者就有十几人。这次讨论，上午在民众教育馆的阅报室进行，下午就移师到了著名的牵牛坊。牵牛坊的主人叫冯咏秋，他虽然在哈尔滨市政府工作，却是著名的左翼人士，还是一位业余画家。他有一座三间的大房子，院子里种满了牵牛花，一到夏天各色花朵争奇斗艳，煞是好看，因此朋友们戏称他家为"牵牛坊"。牵牛坊可以说是哈尔滨左翼文化圈的核心，许多进步文艺青年常常出入于此，渐渐形成了一个文艺沙龙。不仅如此，牵牛坊还是一个中共地下党秘密接头的地方，罗烽、舒群等地下党人都是这里的常客，冯咏秋对此心知肚明，却从来都是心照不宣。

然而剧团成立仅仅三天就宣告失败。因为那几天日本当局逮捕了很多工人，一时间人心惶惶，只要是很多人聚在一起，无论干什么，都不能不引起怀疑。更何况这是一群进步文艺青年，他们一旦写好剧本并上演，几乎肯定要犯禁。所以，冯咏秋只能无奈地向朋友们摊牌，告诉他们不能在自己家筹备，剧团的事情就此夭折。此后，萧军和萧红无聊时也常常去牵牛坊闲坐。风声过去后，其他朋友也时不时来此聚会。萧红在文章中还记录了一件有点滑稽的事：1932年12月31日，二萧第四次走进牵牛坊，其余新认识的一群朋友也在这里，共同迎接新年。二萧刚一进门，就有人说："牵牛坊又牵来两头牛！"萧红对这个玩笑莫名其妙，其实牵牛坊虽然因花得名，但是主人冯咏秋自称傻牛，又给常来的朋友每人起一个外号：黄牛、母牛、老牛……所以二萧一来，也自然算是加入了牛群。谈话间，主人让女仆拿三角钱去买松子，这让萧红觉得非常心疼。对于吃饭都成问题的她来说，花钱买这种可有可无的东西，实在是一种浪费。当然，在那种场合，萧红不可能开口反对。松子买回来后，她一颗接一颗地吃，别人是当零食，她却是用来充饥。走出牵牛坊后，她向萧军说了这可笑的一幕，没想到萧军和她一样，刚才也在像吃饭一样吃松子。

　　对于二萧经济上的困难，朋友们也有所了解。因此一次聚会过后，一位朋友的妻子给了他们一个信封，并让他们到家再看。二人不明所以，到家后发现里面是一张10元的钞票。第二天，朋友们又邀请他俩来牵牛坊聚餐。对于别人来说，这不过是一次普普通通的聚会而已，但对于二萧，却是一次难得的大快朵颐的机会。餐桌上有鱼有肉，还有好汤，他们吃得好不快活，吃完后又玩到半夜才回家。一顿好饭、一张钞票，不仅缓解了他们生活的困窘，也让他们感受到了友情的温暖。

为迎接 1933 年元旦，《国际协报》组织了新年征文活动。《国际协报》这时的副刊编辑，是萧军的好友方未艾。裴馨园因为写文章攻击日伪当局已被革职。这个方未艾和萧红也颇有渊源，在她被困东兴顺旅馆时，报馆同仁们常去看她，而除了萧军以外，去的次数最多的就是方未艾。萧红当时闲来无事写的一些诗作，给他留下了很深的印象，让他惊异于萧红的文学才能。那时他就和萧红结下了深厚的友谊，只不过后来得知二萧已经确定恋情，为避嫌，才不再单独去看望萧红。萧红为此还颇感痛苦，因为她觉得自己被朋友们当成了萧军的附属品。现在方未艾接编《国际协报》副刊，自然想到了鼓励萧红参加新年征文，萧军对此也很支持。萧红虽然起初很犹豫，但最终还是同意了。她写了一篇小说《王阿嫂的死》，署名悄吟，在方未艾的支持下顺利发表在 1933 年元旦的《国际协报》新年增刊上，这是她的处女作。小说发表后，反响出乎预料的好，受到了很多读者的称赞。萧红因此备受鼓舞，连续写出多篇小说、诗歌，仅 1933 年当年发表的，就有小说《弃儿》《看风筝》《小黑狗》《哑老人》《夜风》，以及诗歌《八月天》等。自此，萧红渐渐以"悄吟"的笔名为读者所熟知，这不但令她找到了自信，也让她终于有了点儿收入。虽然千字一元的稿酬远远算不上丰厚，但这毕竟是她走向经济独立的第一步。

然而与成功登上文坛的喜悦伴随而来的，却是感情上的纷扰。前面说过，二萧寄居的汪家有个小姐叫汪林，是萧红的旧同学，由于这层关系，她经常和二萧在一起。汪林虽然出生在官僚家庭，却也是个文艺女青年，萧红提议成立剧团的时候她也参加了活动，共同的志趣更加拉近了她与二萧的距离。没想到一来二去她竟然对萧军产生了好感，到了1933年夏天她终于向自己同学的丈夫展开了攻势。好在萧军的表现还算不错，他坦白地告诉汪林，两人不可能在一起，一是因为有萧红，二是两人各方面相差太远。作为补偿，萧军为汪林介绍了一位男朋友。这件事非常有戏剧性：汪林曾在报纸上读到一篇文章，说摩登女郎嘴上的口红，就像人血一样，这是她们吃人的罪证。看后她非常生气，觉得自己就是被骂的对象，还向萧红打听写这文章的是什么人，骂人这么难听。而实际上该文作者恰恰是萧军的朋友，在某报做编辑，萧军后来就把他介绍给了汪林。结果呢，从此以后，汪林不再嫌编辑爱骂人；这个编辑呢，也不再写什么摩登女郎吃人血的文章了。

1933年的春夏之交，萧军、萧红参加了一个半公开的抗日文艺团体"星星剧团"。剧团的组织者罗烽、金剑啸都是革命者，他们排演的也都是有左翼倾向的剧本，比如美国左翼作家辛克莱尔的《居住二楼的人》（又名《小偷》）等。经过3个月的排练，演员、服装、道具都准备好了，正打算在道里区民众教育馆演出时，馆长却提出了一个要求：首演时间要定在9月15日。这不是一个普通的日子，一年前的1932年9月15日，日本和伪满签订《日满协定书》，是日本正式承认"满洲国"的标志。馆长要求剧团的演出配合所谓"九·一五"纪念日的活动，这是剧团所万万不能接受的。交涉无果之后，民众教育馆拒绝提供场地。就在剧团联系其他场地的过程中，剧团主要演员之一、哈尔滨二中学生徐志被捕，一星期后出狱，紧接着又失踪了。此时，日本著名特工头子土肥原又专程来到哈尔滨，对新闻出版等宣传领域"加强检查"。面对极端不利的局势，剧团只能宣告解散，萧红的戏剧梦再一次破碎。

1933 年 10 月，萧军萧红出版了作品合集《跋涉》（署名三郎、悄吟），其中收录了萧红的五篇作品，分别是小说《王阿嫂的死》《看风筝》《小黑狗》《夜风》和散文《广告副手》。出版费用要 150 元，二萧拿不出，友人们想出了集资认股的办法，即每人出 5 元钱作为股本，最后还是差一些。好在出版方哈尔滨五日画报社慷慨相助，表示剩下的钱不要了，《跋涉》才终于顺利出版。《跋涉》为二萧带来了一定的知名度，但也引起了日伪当局的注意。由于《跋涉》是私自印行的，没有经过当局的审查批准，这就违反了伪满洲国的所谓"出版法"，再加上个别作品内容有反满抗日嫌疑，该书上市仅两个月就被查禁，送到书店的书被全部没收。甚至有传言说日本宪兵队要逮捕二萧，因此二萧成功出版作品的喜悦，很快被恐怖代替。他们不得不把家里搜索一遍，所有可能犯禁的东西都得烧掉，甚至连一幅高尔基的照片、一张上面写了几句牢骚话的吸墨纸都不敢留。

出书带来的烦恼还不止于此。作为新锐作家，二萧吸引了一些文学青年前来拜访或求助。虽然二萧的经济状况并没有因为出名而彻底好转，但仍然尽己所能热情地接待他们，并尽量提供帮助。这本不是问题，根本问题在于：萧军本来就是个男子汉气概十足的人，又具备军人特有的粗豪勇武的品质，现在又有"著名作家"的光环加身，自然是非常容易吸引文艺女青年的。粉丝一多，他的心态也难免膨胀，结果在感情方面就有了越雷池之举。1933年10月，亦即《跋涉》出版后不久，一个叫陈丽娟（后来也成为作家，笔名陈涓）的上海姑娘，在朋友的陪同下拜访了二萧，二萧热情地接待了她，并赠以新书。陈涓本来对萧军和萧红是同样仰慕的，她把萧红完全当成了大姐姐。萧红本来就对年轻漂亮的陈涓一直怀有戒心，偏偏不懂人情世故的陈涓还动不动就给萧军写信，这更让萧红放心不下。陈涓偶然认识了和萧军有过感情纠葛的汪林，在汪林的提醒下，她才注意到萧红对自己的不友好态度，从此不敢去商市街二萧的住所了。

　　单纯的陈涓受到萧红如此的猜忌，自然心里很难过，所以1934年元旦一过她就满怀委屈地离开了哈尔滨。但是这也难怪萧红，她毕竟经历过太多的颠沛流离，现在虽然生活暂时安稳了，但她明白，一旦失去萧军，自己所拥有的一切可能会瞬间化为乌有，因此她才会变得分外敏感。更何况，从萧军的表现来看，也很难说萧红的表现是过敏：陈涓临走前一天早上去向二萧告别，这时萧红正好出去买菜，萧军就和她聊了几句。一会儿听见门响，慌忙塞给陈涓一封信。萧红回来后，陈涓马上走了，回家后却发现萧军给她的信里夹着一枝玫瑰花。这让陈涓觉得很尴尬，她明白萧军真的对她产生了感情，萧红的猜忌绝非平白无故。为了向萧红自证清白，也为了斩断萧军的念想，她于当天下午带着自己真正的男友再次拜访了二萧，以向他们证明"恋情是恋情，友情是友情"。可是当晚萧军又主动去找陈涓，二人在外面走了一会儿，快到陈涓家时，萧军突然在她脸上吻了一下，然后飞一般地溜走了。

和陈涓的感情纠葛，是萧军与萧红相处过程中第一次表现出不忠实。遗憾的是，这并不是唯一一次，萧军后来还不断变本加厉，最终导致了二萧的分道扬镳，这是后话。

漂泊之始

　　与情感世界的波澜几乎同时出现的，还有更大的危机。1933年冬，哈尔滨伪满当局加紧了对思想文化领域的控制，大批进步文化人士被捕，中共的地下组织也遭到了严重的破坏。在这种情况之下，二萧的处境极为凶险，他们因为《跋涉》这本"非法出版物"，已成了伪满当局的眼中钉。此外，他们还是"星星剧团"的成员，自从徐志被捕后，整个剧团人心惶惶，许多人都有被特务盯梢的经历，熟人被特务抓走的消息不断传来。可以说，二萧已经处于双重的危险之下，因此他们做出决定：逃离伪满洲国。

　　出发的时间暂定在1934年的五六月间。因为他们必须走海路，那段时间风浪小些。逃出去后究竟去哪里，也是一个大问题，好在这次又有朋友帮忙。萧军的朋友舒群，也是中共地下党员，但他于1934年初失去了组织关系，处境十分危险，因此他只能离开哈尔滨，逃到青岛。安顿下来并恢复组织关系后，他就给萧军寄信，邀请他们夫妇去青岛。二萧把舒群的提议告诉了朋友们，大家都觉得可行，这样，他们的目的地也确定了。

准备离开的那段时间里，他们时刻提心吊胆。有一天两人一起回家，走到街口就看到一个日本宪兵的身影。他们起初强作镇定，继续朝家走，可是很快发现，那人就在他们的家门口盘旋。他们彻底慌了，回家已不可能，逃，又能逃到哪里呢？情急之下，他们躲进了马路对面的一家面包店，假装买东西。幸好，日本宪兵大约是觉得已经引起了猎物的警觉，就兀自撤离了，二人这才顺利回到家。

更可笑的是，他们的房东还收到了一封黑信，说萧军准备绑架他的儿子汪玉祥，要他小心些。为此房东特地把萧军叫到房里密谈了好半天，汪玉祥也被姐姐们严格地看管起来，不准出大门一步。萧红知道此事后，自嘲地想，萧军的形象还真有点像强盗……其实，房东一家与二萧相处多时，他们未必真的会怀疑萧军对他家的孩子有歹意，但是这封黑信仍然让他们不放心，觉得萧军总是个"不详细的人"。这种莫名其妙的事情，也让二萧更加坚定了离开的决心。

其实萧红心里对于离开一事，非常地不情愿。她忍受了那么久饥寒交迫的生活，如今总算在物质方面安定了下来，看着家里堆放着的充足的米、面和桦子（东北方言里指用来烧火的劈碎的木头），她有一种难得的满足感；家里秋天才装上了电灯，她也终于可以在灯下抄稿子了；萧红之前脚上生过冻疮，现在也基本痊愈了；由于有了稳定的稿酬收入，萧军也用不着到处做家庭教师，总把她一个人留在家里了……然而家庭经济情况刚刚好转，外面的政治环境又日趋恶劣，逼得他们非走不可。一旦离开，所有这一切都将不再属于他们，他们不得不到一个完全陌生的地方，艰难地开启全新的生活。萧红虽然自幼反叛家庭，但是除了两次出走北平的短暂经历外，她从没有真正离开过家乡——呼兰离哈尔滨不过几十公里，在今天已经成为哈尔滨的一个区。现在就要向家乡告别，开始后半生的漂泊，这也令萧红分外惆怅。

出发的日子终于来了。1934年6月12日，萧红和萧军坐上了从哈尔滨开往大连的火车，第二天抵达大连。在萧军的朋友家住了两天后，他们又在友人的帮助下买到了开往青岛的船票，登上日本轮船"大连丸号"的三等舱。在船上，他们受到了严厉的盘查。好在萧军从容应对，没有露出任何马脚，惊险过关。6月15日，他们抵达青岛，用他们自己的话说，就是"回国"了——东北那时已经成了"满洲国"，而青岛还是中国的土地，所以对这两个年轻人而言，离开自己的家乡到达青岛，就意味着"回国"。如果没有经历过故土沦丧之痛，谁能有这般复杂的心情？到青岛的第二天，正是萧红的23岁农历生日。这是一个有意味的巧合，从此之后，萧红迎来了她的新生。

二萧离开哈尔滨刚刚一周，罗烽就被捕了。在接下来的几年里，他们的朋友侯小古、金剑啸等人先后牺牲。可想而知，假如二萧不走，等待他们的将是怎样的命运。值得一提的是，二萧逃走后，萧红的父亲张廷举也受到了牵连。这对张廷举来说似乎有点冤枉，因为他在此前已经宣布把萧红从族谱中除名，起因是萧红早期的作品中有很多是表现阶级压迫的，而张家就是地主，从她的作品中或多或少能看到一些张氏家族的影子。比如她的第一篇小说《王阿嫂的死》里面，那个穷凶极恶的地主就姓张，她后来的作品中写到的地主也是姓张的居多，很难讲这是不是有意为之。萧红和家庭决裂后，张廷举一直觉得非常丢脸，却也没做出什么特别的举动。可是萧红成为作家后，竟然以家族为素材，还把长辈们写得那样不堪，这就让他受不了了。当然，文学作品本质上是虚构的，即使有现实中的原型，也不能把小说中的人和事完全附会到现实中。可是张廷举怎么可能懂得这个道理，当他知道萧红写了那些小说后，立即怒不可遏，觉得愧对族人，因此以"大逆不道，离家叛祖，侮辱家长"的理由，宣布开除萧红的族籍。

然而日伪当局才不管萧红和家庭的关系呢，萧红刚一离开伪满洲国，就有特务来到张家进行大搜查，想从信件、衣物等东西上发现和萧红有关的蛛丝马迹，还拍了不少照片。张廷举吓坏了，不过他好歹是做过省教育厅秘书的人，多少有一些上层关系，所以他找到了日伪军政两界的要人为自己撑腰。结果，呼兰当地伪政府看到他有如此之大的能量，就顺势让他做了呼兰"协和会"的副会长。抗战胜利后，出任伪职自然成了张廷举巨大的污点。好在他有一个好儿子，就是萧红的胞弟张秀珂。张秀珂抗战期间来到陕北，参加了八路军，后又南下苏北在新四军中工作，抗战胜利后回到东北，也算荣归故里，所以张廷举再一次有了护身符。抗日战争胜利后，张廷举得知萧红已于1942年去世，最初表现得十分冷淡，但随后意识到，萧红早已成为举国闻名的"革命作家"，这是大有利用价值的，遂在家门口贴出一副对联，上联"惜小女宣传革命南粤殁去"，下联"幸长男抗战胜利苏北归来"，横批"革命家庭"，全然不顾萧红早已被他从族谱中除名及自己曾出任伪职的事实。有这样一位父亲，真的是萧红的不幸。

二萧到青岛的时候，舒群已和当地女子倪青华结婚。倪家才是真正的革命家庭，一家人几乎全是中共地下党员，他们热情地迎接了萧红萧军夫妇。二萧先是住在舒群的岳父母家，后与舒群夫妇合租了一栋二层小楼的底层，两对志同道合的年轻人相处起来非常愉快。在舒群的介绍下，萧军化名刘均，担任《青岛晨报》副刊编辑，萧红也参与了《新女性周刊》的编辑工作。由于有了固定收入，他们的生计问题得以解决。工作之余二人都把主要精力花在了创作上，萧军在写《八月的乡村》，萧红在写《麦场》（出版时更名为《生死场》）。正是这两部作品，让他们日后扬名全国。

他们的楼上，住着一个人称白太太的二十五六岁的女人，她的丈夫一年前去上海后音信全无，她只能一人带着孩子生活。她常常晚上一个人哭，有时还唱几句京戏排遣寂寞，此外她还是个基督徒，几乎每晚都要祷告。萧军晚上往往要加班工作，这时哭声、唱戏声、祷告声接连传来，让他不胜其烦。萧红虽然也为此苦恼，但是同为女性，她却对白太太的遭遇非常同情。小楼的左边所住的一家人也是基督徒，其中一个老婆婆尤其虔诚，但二萧对这家人全无好感。此外，他们还有一户邻居，这是一家三口，住在后院的一个小草棚里，男的靠做小贩糊口，女的常给白太太抱孩子，算是半个保姆。

二萧和房东的租房合同只签了几个月，很快就要到期了。这时白太太建议他们搬到楼上去。原来二楼除了她以外还住着一户人家，现在那家人搬走了，空出一间房，她希望萧红夫妇搬上去，房钱随便给多少都可以。很显然，她是想有个伴，能够排遣排遣寂寞。但是萧军断然拒绝了。本来住楼上楼下，已经被她烦得不行，这要真搬上去，可怎么受得了？但随后的一件事却让萧军改了主意：房东准备在后院建新房，要拆掉小贩一家住的小草棚，他们马上就无处安身了。好心的萧红想让他们住到自家的厨房里，萧军却觉得，白太太明明有一间房子为什么不让他们住？基督徒不是口口声声"博爱"吗，现在有人落难，周围那么多基督徒没有一个伸出援手，为什么非要我们帮忙？不过萧军最终还是被妻子说服，让他们搬了进来。

　　这样一来，房子到期后他们就不用搬走了，因为他们知道，只要自己一走，小贩一家肯定会被赶出去。所以他们只得搬到楼上，和白太太做邻居。萧军又跟经租人说情，说楼下的房子如果暂时租不出去，就再让小贩一家住几天，经租人看他的面子，才勉强同意。然而他们终归没能帮上小贩一家，几天以后，那家的妻子因为和丈夫吵架，一气之下投了湖，虽然幸运地被救了上来，但是闹出这么大动静，再住下去是不可能了。他们搬走那天，隔壁的老婆婆又来说："这是信主不虔诚的罪过啊！"这次事件，让二萧对那些伪善的基督徒极其反感，萧红的长篇讽刺小说《马伯乐》，就有不少素材来自这段经历。

　　1934年中秋节当晚，舒群夫妇到岳父家过节，结果他们和倪家两位兄弟同时被捕。原来，当时的青岛虽然没被日本的铁蹄践踏，却难逃国民党的魔爪。青岛的地下党组织，不小心被一个国民党特务混了进来，他摸清了整个地下党的底细，在中秋节当天组织了一次大搜捕，青岛的地下党员全军覆没。萧军当天也得到了舒群的邀请，他因为有事没去才幸免于难。这件事对二萧是一个很大的打击，同时也更加坚定了他们反抗的信念。他们虽然都没有加入中国共产党，但身边最亲密的朋友却几乎都是共产党人，他们自己的思想也一直倾向革命。这次舒群等人的被捕，更加坚定了二萧投身左翼文化运动的决心。

失去了最信任的朋友，二萧一时陷入迷茫，他们虽然仍在努力创作，却不知道自己写的东西是否符合"革命"的需要。这时萧军萌发了一个大胆的主意：给鲁迅写信！这位五四以来中国文坛的主将，是万千文学青年心目中的灯塔，而他也经常对前来求教的青年提供指导和帮助。可是二萧虽然素来崇拜鲁迅，却连他的地址都不知道，这信该如何写，写了又如何寄呢？后来萧军从杂志上看到，鲁迅先生常去内山书店，又听朋友说，鲁迅先生经常让内山书店代转信件，所以他准备试试，把信寄到内山书店，看能不能被转到鲁迅先生手里。

信寄出后，萧军一直惴惴不安，对于鲁迅先生能否收到、会不会回信，心里都毫无把握。让他喜出望外的是，过了不多久，他们真的收到了回信。鲁迅回答了萧军提出的两个问题，并同意看看他们的作品。于是，他们立即把《跋涉》和《麦场》的原稿寄给了鲁迅先生。

就在二萧沉浸于得到鲁迅先生眷顾的喜悦中时，萧军供职的《青岛晨报》又惹上了麻烦。由于一则不实报道，某记者被警察抓走，接着报社经理也离开了，报纸就此瘫痪，萧军也就失去了饭碗。另外，地下党被破坏后，像二萧这样的党外人士也不安全，所以他们再次做出决定：逃离青岛。这次的目的地，就是鲁迅先生所在的上海。临行前，萧军又给鲁迅写了一封信，告诉他自己要离开青岛，千万不要再回信了。1934年11月1日，二萧同一位朋友一起，搭乘轮船离开了只住了不到半年的青岛。

在鲁迅先生身边的日子

　　1934年11月2日到达上海后，二人先在一家廉价客栈住下，第二天便搬到了一个租金九元的亭子间。他们出发时，身上只有40元钱，去掉船费、路上的花销，再交过房租，买些柴米油盐之类的生活必需品，钱就所剩无几了。安顿下来后，二萧做的第一件事就是给鲁迅先生写信，希望和先生见一面，第二天就收到了鲁迅的回信。这让他们既兴奋又遗憾，兴奋的是鲁迅回信竟然如此之快，且告诉他们之前的信、书和稿子都已收到；遗憾的是，鲁迅说见面的事情可以从缓，因为布置约会的种种事情非常麻烦。天真的二萧大惑不解，觉得见一面有什么麻烦？于是在11月4日又给鲁迅写信，再次表达了见面的意愿，鲁迅仍然婉言谢绝。

　　他们不知道，这只是鲁迅的借口。上海文坛异常复杂，各种阴谋诡计、害人伎俩层出不穷，鲁迅已经有过无数次教训，才变得如此谨慎。接到这两个来自东北的陌生青年的来信后，他当然不敢马上同意见面，而是先让自己的弟子胡风去了解一下，东北是不是真的有这么两个作家。然而二萧虽因出版《跋涉》而小有名气，但是影响基本只限于当地，远在上海的胡风根本没法了解。鲁迅又通过其他人打听二萧是不是有什么政治背景或党派关系，也毫无结果。

二萧依旧锲而不舍，这次他们干脆共同给鲁迅写信（前几次都是萧军自己写的，只是以夫妇二人的名义），署名"刘军、悄吟"，在信中一连串问了九个问题，而且还近乎调皮捣蛋地提出了抗议：萧红"质问"鲁迅为什么称呼她"夫人"或"女士"。鲁迅大概从来没遇到敢和他这么说话的青年，他被他们的稚气和率真打动了，所以回信时也幽了一默："悄女士提出抗议，但叫我怎么写呢？悄婶子、悄姊姊、悄妹妹、悄侄女……都并不好，所以我想，还是夫人太太，或女士先生吧。"信末写了"俪安"（祝福语，用于收信者为夫妇时），并在这两个字旁边画一箭头，问："这两个字抗议不抗议？"不过玩笑归玩笑，鲁迅还是提醒他们：稚气的话说说无妨，但是稚气能让人找到真朋友，同时也容易上当，尤其是在上海这种人心险恶的地方。

自此，二萧和鲁迅之间情感的距离大大拉近了。他们又不断地给鲁迅写信，鲁迅终于招架不住了，在11月20日的回信中说，许多事一言难尽，还是月底见面谈一谈好。这封信让二萧快乐得无法形容，他们像小孩子盼望过年一样，苦盼着月末的到来。27日，鲁迅又致信二萧，约他们三天后到内山书店见面。11月30日午后，他们终于如愿以偿地见到了鲁迅先生。见面后，鲁迅马上领他们离开书店，来到一家俄国人开的咖啡馆，不久许广平也抱着海婴来了。萧军大致介绍了他们从哈尔滨经青岛来上海的经过，并把《八月的乡村》书稿交给许广平。鲁迅则向他们说了一些上海文坛的基本情况。临走时鲁迅把一个信封放在桌子上，说："这是你们所需要的……"原来，二萧这时已经山穷水尽，所以第一次见面之前，他们就请求鲁迅先生借他们20元钱，鲁迅慷慨地答应了，二萧感动得眼里充满泪水。这还不算，萧军又说，他们连回去坐电车的零钱都没有了，鲁迅又从口袋里掏出一把零钱给他们。

萧军和萧红一直是把鲁迅当作导师的，而今更是得到了他慈父般的关怀，从此，鲁迅成了他们生命中最重要的人。为了让他们不感到寂寞，鲁迅又借着为胡风的孩子做满月之名请客，邀请二萧和几个朋友于12月19日晚赴宴。结果胡风由于没及时接到请柬，错过了宴会。"主角"缺席了，宴会唯一的主题就是把二萧介绍给朋友们。当天在座的除了鲁迅一家、二萧夫妇外，还有青年作家叶紫，青年作家聂绀弩及其夫人以及茅盾。鲁迅指定叶紫做二萧的向导和监护人，从此他们进入了上海左翼文学的核心圈子。二萧和宴会上认识的几个人，都保持了终生的友谊。

但是此后二萧仍没有生活来源，鲁迅给的二十块钱也只能解燃眉之急。叶紫和聂绀弩都劝他们找老头子（指鲁迅先生）想想办法，他们只好再去麻烦鲁迅。鲁迅也有求必应，尽量把他们的文章推荐给上海的一些报刊。萧军后来才知道，当时上海规模较大、稿酬较高的刊物，都有固定的作者队伍，新人想在上面发表作品非常之难。左翼文学刊物尤其如此，因为上海政治环境复杂，刊物编者如果不了解作者的政治背景，是万万不敢发他的文章的，除非有大家、名家出面介绍。这里还有一个潜规则：大家、名家的稿子谁都想要，所以介绍人在推荐别人的稿子时，往往要把自己的一篇稿子给人家做人情。鲁迅为了帮二萧发文章，说不定搭上了多少精力。

那段时间，叶紫和二萧同样生活非常拮据。有一天他太馋了，竟怂恿萧军要"老头子"请他们吃饭。萧军觉得不好意思，表示反对。萧红却自告奋勇给鲁迅写了信，末尾署的是她和叶紫的名字。信中说如果怕费钱，找个小馆子随便吃点即可。鲁迅回信说，请客可以，但是既然请就要吃得好，否则不如不请。于是，1935年3月5日，鲁迅在一家很高级的广帮菜馆请二萧和叶紫吃饭，同席的还有青年翻译家黄源和左翼刊物《芒种》的编辑曹聚仁，这两人后来也和二萧成了朋友。席间，本来不赞成让"老头子"请客的萧军，吃得比萧红、叶紫二人加起来还多；而叫嚷得最凶的萧红，反倒吃得很少。二萧和叶紫共同向鲁迅提出，想成立一个"奴隶社"，以"奴隶丛书"的名义自费出版作品，鲁迅表示同意。

"奴隶社"一共出版了三部作品，分别是叶紫的《丰收》、萧军的《八月的乡村》和萧红的《生死场》。起初，他们把书稿送到黎明书店，希望出版，书店虽然对几部作品感兴趣，却因为怕承担政治风险而拒绝了。后来有好心的编辑冒着危险把书稿转给了和书店有合作关系的民光印刷所。好在当时印刷和纸张费用都可以赊账，就这样，《丰收》和《八月的乡村》先后于1935年5月和6月，以"奴隶丛书"之一、之二的名义由民光印刷所印了出来。叶紫还编造了一个出版机构"容光书局"，并像模像样地写上地址"上海四马路"，弄得和正式出版物一样。

至于萧红的《麦场》，则颇费周折。早在1934年12月，鲁迅联系到了生活书店，想通过正式途径出版此书，书店也愿意出版。可是送到国民党中央宣传部书报检查委员会后，一直拖了半年，结果是不许出版。后来鲁迅又把稿子交给杂志社希望连载，却遭到了退稿。到了1935年10月，叶紫和萧军的书早就印好了，《麦场》的出版仍然没有着落，不过这倒是给了萧红充足的修改时间。书稿在朋友们手中传阅，大家提出了一些修改意见，胡风说"麦场"这个书名不如"生死场"，鲁迅也同意胡风的意见，这样，《生死场》的书名就定了下来。到了12月，眼看正式出版无望，只好采取和前两本书一样的办法，由民光印刷所印出，是为"奴隶丛书"之三。

和《跋涉》一样，《生死场》也是一本非法出版物，为了避免麻烦，大家建议不要用原来的笔名"悄吟"，于是"萧红"这个笔名诞生了。据萧军后来解释，这其实和他有关。萧军之前常用的笔名，有三郎、刘均、刘军等，《八月的乡村》则署名田军。《生死场》付印之际，他和萧红商量，以后二人的笔名分别叫作"萧红"和"萧军"，这样连起来就是"小小红军"。近年有人质疑这种说法，因为萧军说这些话是在新中国成立后，很可能掺杂了意识形态的因素。但是考察二人当时的思想状况，萧军说的也未必是假话，毕竟他们从哈尔滨到上海，一直身处左翼文化圈，再加上受鲁迅影响，思想必然越来越趋向于革命。

《生死场》奠定了萧红的文坛地位，使她一跃成为著名抗日作家。鲁迅和胡风分别为这部作品写了序言和后记，他们在充分肯定这部作品的同时，也或委婉或直率地指出了它的缺点。不过无论如何，鲁迅、胡风两位名家的品题，都让《生死场》身价倍增，加之作品本身从题材到表现手法都非常独特，萧红在上海文坛迅速走红。和他一起走红的还有萧军。从此，二人发表作品不再有问题，许多杂志主动向他们约稿，甚至有的刊物拉二萧当台柱。他们的稿费源源而来，终于过上了衣食无忧的生活。

　　二萧成名后，他们之前在哈尔滨牵牛坊结识的很多朋友都很受鼓舞，不少人都怀揣着文学梦想，追随着二萧的脚步来到上海。还有一些人，如罗烽、白朗夫妇及舒群等，则是因为政治原因来上海避难。前面提到过，罗烽在二萧离开哈尔滨的一周后就被捕了，而在青岛接待二萧的舒群也曾被捕，他们分别于 1935 年夏季和春季被释放，并于 1935 年 7 月先后来到上海。这些人有着非常相似的人生际遇，登上文坛后，创作的题材和风格也有很大的共同点。他们的作品，总是取材于沦陷后的东北故乡，侧重表现东北人民在日寇铁蹄之下的悲惨生活和他们的英勇反抗，风格则往往是粗犷豪放的。因此文学史上对这些年轻作家有一个特定的称谓：东北作家群。成名最早的二萧，自然成了东北作家群的核心，他们也以东道主的身份，热心帮助那些后到上海的朋友们。

　　二萧的成名当然离不开鲁迅。不过鲁迅也直言，在写作方面萧红更加有前途，还说她可能成为丁玲的后继者，而且接替丁玲的时间，要比丁玲接替冰心的时间早得多。其他朋友如胡风等，也都说过萧军的文学才能不如萧红之类的话。大男子主义十分严重的萧军，听了这些话虽然总是一笑了之，但是自尊心很可能受到了严重的伤害，二萧后来的分手也与此不无关系。

《生死场》出版前后，二萧和鲁迅夫妇的私人关系也更加密切，1935 年 11 月 6 日，鲁迅邀请二萧到自己家中吃饭。虽然此前他们与鲁迅已经交往很多，但是到鲁迅家做客还是第一次。此后，二萧经常去鲁迅家里玩，也会时不时地留在那里吃饭。1936 年 3 月，他们干脆搬到了鲁迅家附近，这样就更加便于向先生请教；另外鲁迅当时身体很差，几乎总是在生病，他们也希望在生活上能帮先生分忧。从此萧红去鲁迅家更加频繁，有时一个人去，有时和萧军一起，几乎一天不落，有时甚至一天之内就去好几趟。萧红擅长做北方面食，熟悉以后，她在鲁迅家经常下厨，做韭菜盒子、荷叶饼等北方小吃，鲁迅也总是很爱吃她做的饭菜。

萧红自幼没有得到太多父爱，唯一疼爱他的长辈就是爷爷。爷爷去世后，她几乎从未感受过来自长辈的温暖，如今在鲁迅这里，萧红得到了很大程度的补偿。而鲁迅面对这个天真而有才华的年轻女性，也不自觉地渐渐扮演起了父亲的角色。萧红本人和其他人的回忆中都提到，她经常让鲁迅评价她的穿着，鲁迅也经常"指导"她怎么穿好看，怎么穿不好看。显然，这已经远远超出了一个文坛前辈和青年作家的关系。

然而萧红频繁去鲁迅家里，还有另一个原因，那就是她和萧军的感情已经出现了裂痕，她需要向鲁迅和许广平倾诉苦闷。

二萧在哈尔滨时认识的陈涓，这时也来到上海。她于1935年在哈尔滨结婚，1936年初带着新出生的婴儿回到了上海的父母家中。虽然陈涓离开哈尔滨之前，萧军的一些轻薄举动颇令她不快，但是单纯的陈涓却觉得，现在自己已经结婚生子，总该不会引起别人的误会了，所以在2月的某天，她又去拜访了二萧。没想到萧军此后总是到陈涓家里找她，并经常邀请她出去吃饭，这让陈涓觉得十分害怕，她明白萧军对自己的感情死灰复燃了。后来陈涓接到丈夫催她回去的来信，遂于5月1日离开上海。临行前萧军为她筹集了20元路费，陈涓本来很感动，没想到在她出发前一天，萧军又来纠缠，非拉着她去咖啡馆，然后自己一瓶接一瓶地喝闷酒，搞得陈涓极其尴尬。直到晚上十一点，她才摆脱了萧军。

萧军这些事当然都是瞒着萧红做的，但是以萧红的敏感，她不可能毫无察觉。这带给了她深深的伤害，后来她写了一组短诗《苦杯》，其中一首是这样写的："往日的爱人，为我遮蔽风雨，而今他变成暴风雨了！让我怎样来抵抗？敌人的攻击，爱人的伤悼。"的确，来自最亲密的人的伤害，往往比来自敌人的打击难忍百倍。1937年，萧红发表了散文《一个南方的姑娘》，其中的"程女士"就是暗指陈涓。但是文中透露的意思，似乎陈涓在这段情感纠葛中颇为主动。而陈涓碰巧在报纸上看到了这篇散文，这令她非常生气。不过为了不给萧红再次带去伤害，她一直忍着，直到萧红逝世两年以后，她才以"一狷"的笔名发表了致萧军的公开信，题为《萧红死后——致某作家》，发泄了对萧军的不满。

另外萧红诗中所谓"而今他变成暴风雨了"，恐怕还不仅仅指萧军的出轨。那段时间，他们争吵不断，而脾气暴躁的萧军，有时竟然对萧红施以拳脚。二萧的矛盾，鲁迅是知道的，他也多次批评过萧军。但是作为长辈，鲁迅毕竟不好过多干涉年轻人的事情，所以多数时候他能够做的，不过是听萧红倾诉而已。萧军的朋友黄源建议萧红去日本休养，让二人分开一段时间冷静冷静，或许有助于他们感情的恢复，而且黄源的妻子许粤华这时也在日本学习，她和萧红可以互相照顾。二萧商量后接受了黄源的建议，他们约定，萧红去日本，萧军去青岛，一年后回上海碰头。1936 年 7 月 15 日，鲁迅拖着沉重的病体，在家中为萧红设宴饯行，第二天黄源又约二萧一起吃饭，饭后到照相馆合影。17 日，萧红登上了驶往日本的轮船。

　　但是，黄源很快就会为他的这个建议后悔的。

从东京到北平

1936年7月19日，萧红抵达神户，下船后转火车到达东京。她找到了许粤华，二人住在一起。萧军则来到青岛的国立山东大学，他的一个朋友周学普在此任教，当时正值暑假，周学普不在学校，萧军正好住他的单人宿舍。安顿下来后，二萧就开始频繁通信。他们的感情虽然出现了危机，但在心里仍然是深爱着对方的。尤其是萧红，在信中总是对萧军的穿衣吃饭百般关心。暂时的分离，看来真的对修补感情的裂痕不无作用。

虽然萧红对萧军的怨恨，已经渐渐地被思念之情所冲淡，但是她又受到了另一种情感的折磨，那就是寂寞。许粤华每天一早就去图书馆学习，所以萧红每天大部分时间都是一个人在家。后来她又独自租了一间房，虽然离许粤华的住处不远，仍然可以随时联络，但是独住以后愈发觉得寂寞。加之语言不通，她和周围的人也无法交流，想出去逛街，也因为对环境的不熟悉，而只能感到陌生和无聊。更何况满街的木屐声，还时时刻刻提醒着她，此时正身在异国他乡。

好在萧红找到了排遣寂寞的方式，那就是写作。来东京不到一个月，她就写完了三篇稿子，同时还计划写一些长的东西。8月，萧红的散文集《商市街》在国内出版，这也是一件高兴事。之前，无论是让她和萧军在东北小有名气的《跋涉》，还是让她蜚声全国的《生死场》，其实都是非正式的出版物。此次《商市街》的正式出版，在萧红的文学生涯里还是头一遭，这对她自然也是一种激励。不过随后，萧红却生了一场重病，从8月中旬到月底，她连日发烧、呼吸困难。病中的萧红仍想勉力写作，但是病痛让她实在打不起精神，只能作罢。雪上加霜的是，8月27日许粤华回国了，原因是黄源的父亲病重，需要大笔治疗费用，所以他无力继续负担许粤华的学习费用。萧红在日本唯一的熟人离开了，这让她的孤独感更加强烈。好在养病期间她得到了房东一家的照顾，并和房东5岁的小儿子混得很熟，这个活泼的孩子有时还教她一些日语的单字，这成了她病中少有的乐趣。

　　病愈后，萧红渐渐习惯了独居，她不但摆脱了孤独寂寞的负面情绪，还很享受从容而有余闲的心境。她又振作了起来，每天努力地写作，晚上经常12点以后才睡。但是很快，新的病痛又来了。9月2日起，她痛经的旧病复发，经常痛得浑身发抖，后来又因为不习惯日本的饮食而得了胃病。看了几次医生，吃了一些药后，效果都不明显。萧红索性用不停地写作来对抗病痛的折磨，一旦沉浸在自己笔下的世界里面，周围的一切烦恼，包括身体的痛楚，都可以暂时忘却。9月10日起，萧红又报名进入了"东亚学校"，这是一个专门教外国人日语的机构。从此，萧红的生活就被写作和学习日语填满，很是充实。

10月13日，萧军从青岛回到上海，第二天就带着自己的小说集《江上》和萧红的《商市街》去看望鲁迅先生，然而令他万万没想到的是，这竟成了他与鲁迅先生见的最后一面。19日一早，熟睡中的萧军被一阵急促的敲门声惊醒，打开门后，他看见了泪眼婆娑的黄源夫妇，黄源几乎用命令的口吻让他赶快穿好衣服。萧军惊问出了什么事，黄源说："周先生过去了！"萧军完全无法接受这个现实，一时竟然失去了理智，揪住黄源的衣领大吼："你胡说！"黄源说："这事我能骗你吗？"萧军顿时觉得天旋地转，眼冒金星，好容易才恢复清醒，慌忙穿起衣服，失魂落魄地跟着黄源夫妇走出了家门。来到鲁迅的寓所后，萧军完全不顾前来吊唁的其他宾客，没和任何人打招呼就直奔二楼鲁迅的卧室，扑到鲁迅的遗体上号啕大哭起来。萧军这个东北硬汉，生平第一次完全不能抑制自己的情感。

身在日本的萧红，第二天就在当地报纸上看到了一篇关于鲁迅的文章，里面有"逝世"的字眼，她立刻慌了起来。但是她刚学了几天日文，远远达不到读懂报纸的程度，所以只能在惶恐不安的心情中胡乱猜测。21日一大早，她又看到报纸上鲁迅的名字和"逝世"连在一起，再看下去还有"损失""陨星"之类的字眼。她再也坐不住了，慌忙跑到一个朋友那里求证。可是那个朋友大概日语也好不到哪里去，或者可能是为了安慰萧红，就说"逝世"的不是鲁迅，让她不要瞎担心。到了22日，萧红知道了鲁迅逝世的确切消息，这让她悲痛欲绝。

在萧红短暂的一生中，经历过不少亲友的离世，其中给她打击最大的，除了年少时祖父的死以外，就是这次鲁迅的逝世了。从萧红与之交往的种种细节上，我们都可以明显看出，鲁迅对于萧红而言绝不仅仅是一位导师，更是一位"父亲"，所以鲁迅的离去带给萧红的打击，不亚于失去任何一个至亲。鲁迅不但帮助二萧成名，使他们彻底摆脱困窘的生活，而且在夫妇二人发生矛盾后，鲁迅也总是会主持公道，尽量劝阻萧军，让他别伤害萧红。可以说，于公于私，鲁迅都是萧红生命中最重要的支柱。现在，这根支柱倒下了，以后再遇到"暴风雨"，萧红又该去向谁寻求保护呢？

刚过了几天平静生活的萧红，因为鲁迅的死而再次焦躁起来，她上了很大的火，嘴唇全部破了。不过，萧红仍然忍受着巨大的悲痛继续创作，她知道，这或许是回报鲁迅先生的唯一方式。然而更大的打击接踵而来：同样沉浸在失去鲁迅先生之巨大悲痛中的萧军，竟然再次出轨了，而出轨的对象则是——许粤华，她的丈夫正是当初劝二萧暂时分开的黄源。而且不同于此前与陈涓单纯的感情纠葛，这一回，萧军干脆让许粤华珠胎暗结。不过萧军和许粤华都明白，他们同处一个圈子，如果一直纠缠下去，将会站到周围所有人的对立面，所以最终只能选择分手。为了斩断情丝，萧军做出了一个决定：向萧红坦白一切，并祈求她的原谅，同时让她改变在日本继续学习的计划，马上回国。半个世纪后，萧军在回忆这段往事的时候轻描淡写地说："由于某种偶然的际遇，我曾和某君有过一段短时间的感情的纠葛——所谓'恋爱'——但是我和对方全都清楚意识到为了道义上的考虑彼此没有结合的可能。为了要结束这种'无结果'的恋爱，我们彼此同意促使萧红由日本马上回来。这种'结束'也不能说彼此没有痛苦。"

这件事当然让萧红感到痛苦甚至屈辱，她此时已经有了分手的打算，但是思量再三以后，她还是决定原谅萧军，并于1937年1月9日启程回到上海。回国之初，萧红的内心当然不会平静，最敬爱的人的离世，最亲密的人的背叛，都让她心如刀绞。但是既然选择回来，就不得不忍受这一切。她和萧军租了一间俄国人开的家庭公寓，安顿下来后，他们做的第一件事就是去万国公墓拜谒鲁迅先生墓。在墓前，萧红再一次止不住地流出泪水，她低头默哀了许久，才依依不舍地离开墓地。回来后她写了一首饱含深情的拜墓诗，表达对这位伟大作家的敬仰和怀念。耐人寻味的是，诗的第一节写道："跟着别人的脚印，我走进了墓地，又跟着别人的脚迹，来到你的墓边。"在这里，她称萧军为"别人"，这个细节似乎表明，两人的关系已经很微妙了。

不过萧红虽然内心痛苦不堪，但是在社交场合却非常活跃。她在上海有很多朋友，其中既有"东北作家群"中的老友，也有许多新结识的年轻人。他们经常组织一些小型的讨论会或者宴会，在这些场合，二萧的名气大，往往受到众星捧月般的拥戴。据了解他们的朋友观察，二人似乎都有点飘飘然，结果就是，他们情感上的裂痕进一步扩大，争吵的频率越来越高。萧军在萧红赴日前就表现过的暴力倾向，也逐渐变本加厉，甚至在朋友们面前，他对此也毫不避讳。有一次一位日本作家来沪，二萧和许广平、胡风的夫人梅志等人一起陪他吃饭，两天前刚刚被家暴的萧红，脸上的瘀青还没有消退，朋友惊问怎么回事，萧红推说是自己不小心碰的，没想到萧军竟然说："干吗要替我隐瞒，是我打的！"朋友们看到，泪水在萧红的眼眶里打转……

萧军还是个多情种子，他似乎对每一个与他有过情感纠葛的女性，都终生难忘。许粤华怀孕后承受了很大的压力，她当然不可能把萧军的孩子生下来，所以只能做人工流产。那段时间，萧军每天都要去医院照顾她，尽管这也是人之常情，但是萧红却因此受到了进一步的伤害。之后发生的一件事情，则更让萧红的情绪彻底降到了冰点。

出轨事件以后，二萧和黄源夫妇之间的关系变得很尴尬，但是萧红内心里仍然把黄源当朋友。有一天她去找黄源，看见萧军也在那里，正在同他们夫妇谈话。她一进去，三个人的谈话就停止了，很显然他们谈的是一件需要避讳萧红的事情。许粤华当时正躺在床上，旁边的窗户是开着的，萧红关切地问她冷不冷，并准备把大衣盖在她身上——尽管许粤华做了对不起萧红的事情，但是萧红对同为女性的许粤华，仍然表现出了谅解和同情。但是这时，黄源却冷冷地来了一句："请你不要管。"萧红惊呆了。在这件事情上，萧军和许粤华是当事人自然该负主要责任。而黄源呢，是他的建议在客观上导致了萧军有出轨的机会，他也该为自己的缺乏知人之明（或者说交友不慎）埋单。至于萧红，则是四个人里面最无辜的。可是她竟受到了另外三人共同的冷遇，这究竟是为什么？百思不得其解的萧红，只好悻悻走开。

有人分析说，黄源夫妇当时大概已经准备离婚了，但是基于曾经的感情，黄源还是希望妻子离开自己后有一个好的归宿，所以他或许会和萧军商量，要求他为许粤华负责，甚至希望他们正式结婚。而萧军则会以萧红为理由，拒绝黄源的要求。这样一来，本来无辜的萧红，竟成了他们三人"圆满"处理此事最大的障碍。当然这只是后人的分析和猜测，我们找不到确凿的证据来判断该说法的真伪（实际上，黄源和许粤华1941年才正式离婚），不过无论如何，这件事都让萧红受到了极大伤害。她发现，在别人眼中她只是萧军的附属品，萧军犯了错，别人不敢惹他，却转而拿自己当出气筒，这是她无法容忍的。

于是，她又一次做出了"出走"的举动。从报纸上，她看到了一个画院的招生广告，就打电话询问是否招收寄宿生，得到肯定的答复后，她又亲自去察看了一番。萧红对画院还比较满意，但是还没有下定决心报名，毕竟她对萧军还是有感情的。然而就在她从画院回来的当晚，当她躺在床上尚未入睡的时候，听见萧军和朋友们在外面议论她的作品。萧军说："她的散文有什么好呢？"朋友接着说："结构也并不坚实！"他们的轻蔑语气激怒了萧红，她突然走出来，让萧军和朋友们猝不及防，他们只能尴尬地结束谈话。萧军睡熟后，萧红就开始整理行李，第二天一早，她就溜出家门，住进了画院。

萧红的出走让萧军很紧张，他发动了自己的朋友，满上海寻找萧红的行踪。仅仅过了三天，萧红就被他的两个朋友找到了。画院的主人对萧红说，既然她的丈夫不允许，画院就不能收她，结果，萧红就像个俘虏一样被带回家。回来后，萧红从朋友们那里得到的不是同情，而是各种嘲笑和非议。这让她更加苦闷，于是提出要独自去北平住一段时间散散心。萧军自知理亏，也就只好同意，于是萧红于 1937 年 4 月 23 日乘火车离开上海。

到北平后，萧红先在中央饭店安顿下来，接着辗转找到了老朋友李洁吾。早年和表哥陆哲舜一同出走北平的时候，萧红得到了李洁吾的很多帮助，这次老友重逢，自然分外高兴。在李洁吾的帮助下，萧红找到了一个条件比较合适的旅馆，只不过暂时没有空房，需要等几天。但是萧红不想再在中央饭店住下去了，那儿的客房每天要两块钱，实在是有点奢侈，因此她搬到了李洁吾家里。此时的李洁吾已经有妻儿，而萧红初见李洁吾的时候又非常热情，刚一脱下外套就给了他一个大大的拥抱，这让李洁吾的妻子难免心生疑虑。好在萧红只在他家住了一天，旅馆就有了空房。于是在 4 月 26 日李洁吾就帮着萧红把行李搬到了旅馆。

萧红在北平接触较多的另一个朋友，是舒群。舒群本是帮过二萧大忙的，他于 1935 年 7 月到达上海后，虽曾一度和二萧联系过，但后来却慢慢疏远了。1937 年 1 月，他来到了北平。萧红对于舒群态度变化的原因一直很不解，怀疑他是不是觉得她和萧军"出名"以后风头太盛，才不爱搭理他们，这次见面，正好问一个究竟。不过舒群说出的原因，却和萧红的猜测不同。原来，舒群到上海之初，和当时所有向往革命而又怀抱文学梦想的青年一样，最大的愿望就是见鲁迅一面。而二萧又恰恰与鲁迅关系亲密，所以他就托萧军向鲁迅转达了见面的请求。但是鲁迅当时身体很糟，实在不方便见陌生人。更何况鲁迅作为革命文学领袖，本来就一直是当局"重点照顾"的对象，如果安排他和舒群这样一个中共地下党员见面，恐怕也会危及鲁迅自身的安全，因而萧军拒绝了舒群的请求。为此，舒群难免心存芥蒂。这次萧红向他详细说明了个中原委，舒群方才释然。

在北平期间，萧红和萧军仍然频繁通信，但是萧军却渐渐对萧红不放心起来。她在北京主要接触的两个人，都不在萧军的关系网范围内，李洁吾他根本不认识，舒群则已经和他闹僵，尚未和解。尤其是李洁吾，萧军大概知道他和早年的萧红关系密切，生怕他把萧红从自己手中夺走，于是他在给萧红的信中谎称自己最近身体不好，恐旧病复发，请求萧红回来。这样，萧红仅仅在北平住了 20 天左右，就于 1937 年 5 月中旬回到了上海。

不可避免的分手

　　不得不说，萧军的谎言在客观上帮了萧红。因为她离开北平不到两个月，卢沟桥事变就爆发了，假如那个时候她还没走，恐怕就麻烦了。回到上海后，二萧的感情似乎恢复了一些，萧红的小说散文合集《牛车上》也由上海文化生活出版社出版，这让她心情不错。

　　然而二萧的矛盾仅仅是表面上缓和了，实际上，两人之间的隔阂越来越深。如果说矛盾最初的根源是感情问题的话，那么随着二人文坛地位的一步步提高，他们在文学观念上的分歧，就渐渐成了导致矛盾的另一个重要因素。萧军的文学才能不及萧红，但是他的创作却更符合革命文学的价值规范，因此，他往往看不起萧红，觉得自己的作品才是"现实主义"的；而萧红的作品仅仅是凭印象、直觉写出，没有打动读者的力量。如果两人仅仅是各走各的路，倒还有可能相安无事。可是萧军非但不能理解萧红极具个性的文学追求，反而总想"指导"甚至"改造"她，这就让萧红非常不快。从某种意义上说，二萧的分歧，其实也是萧红和左翼文学所信奉的革命现实主义原则之间的分歧。

这个时候，许粤华和黄源虽然并没有正式离婚，但是可能已经分居了，许粤华一个人在上海生活非常不易，所以经常来找萧军寻求帮助。萧红因此非常烦恼，常常和萧军吵架；而萧军则觉得，是他的过失使得许粤华陷入了如今的境地，所以自己理应对她负责，至于萧红呢，则理当"宽容"一些。他对萧红说："许粤华不是你的情敌，即使是，她现在的一切处境不如你，你应该忍受一个时间，你不应这样再伤害她……这是根据人类基本的同情……"平心而论，许粤华确实是值得同情的，在一个男性占主导的社会里，同样是出轨行为，女性所付出的代价往往要比男性惨重得多。另外萧军一直照顾许粤华，至少说明他对许粤华是有真感情的，绝非存心玩弄她。然而，在这次事件中，萧红才是最大的受害者，她当然可以选择"容忍"和"同情"，但那必须出于她的自愿才行，任何人也没有资格要求她必须"忍受"。萧军一方面对自己的严重不忠行为轻描淡写；另一方面却搬出"人类基本的同情"这样的大帽子，站在道德制高点上，要求本是受害者的萧红忍受一切，实在令人不齿。

整个 6 月份，萧红都在忍受着情感上的折磨，几乎没有写出任何作品。直到卢沟桥事变爆发，她才受到了新的刺激，暂时跳出个人情感的圈子，开始抒写家国情怀。尤其是"八·一三"淞沪抗战开始以后，上海也笼罩在了战争的阴云下。萧红意识到，平静的生活将要一去不复返了。"八·一三"事变发生之后的十天内，萧红连续写了三篇散文《天空的点缀》《窗边》和《失眠之夜》，记叙自己对战争的观感，表现上海军民同仇敌忾的反抗精神。萧军也同样撰写了不少反映战争的文章，并肩战斗的经历使得二人的关系再度趋于缓和。

以二萧为代表的东北作家，对于战争似乎比其他人更加敏感。他们毕竟是经历过九一八事变的人，已经感受过一次国土沦丧之痛。现在流亡上海，好不容易有了栖身之所却仍然逃不脱侵略者的铁蹄，因此，他们的乡关之思和爱国救亡之情夹杂在一起，笔下便凝聚了丰富而沉重的情感。然而同样的民族解放战争，其意义对于男性和女性来说似乎不尽相同。萧红在散文中记叙了这样一件事：萧军有一天买来一张《东北富源图》，指着上面自己家乡的位置，兴冲冲地向萧红介绍着，并且遥想抗战胜利以后，自己怎样带着萧红回到家乡，一人骑着一头毛驴，拜访亲戚，品尝各种家乡美食……萧红却插了一句："你们家对于外来的所谓'媳妇'也一样吗？"这真是一个苦涩的问题，对于男性而言，一旦驱逐了侵略者他们就可以重新得到曾经拥有的一切，无论是家园、财富还是女人；而对于女性而言，抗战胜利的结果，仍然不过是做人家的"媳妇"而已。像萧红这样无依无靠的女性，即使抗战胜利了，她们不用做异族的奴隶，却还是免不了成为男性附属品的命运。

萧军当然不能理解这些。在他看来，既然抗战爆发了，所有人都该无条件地抛弃一切个人的哀乐，投入到伟大的救亡运动中去。而萧红在此过程中表现出的多愁善感，以及对他与许粤华的关系仍旧耿耿于怀，渐渐地已经让他感到不耐烦。他在日记中不断抱怨萧红"吃醋""嫉妒"，甚至写道："对于吟，在可能范围内极力帮助她获得一点成功，关于她一切不能改造的性格一任她存在，待她脱离自己时为止。"看来他已经做好了分手的准备，但是直到此时，他还认为自己应该"帮助"甚至"改造"文学成就远超自己的萧红，其自负程度可见一斑。

胡风准备办一个刊物，邀请萧军、萧红、黄源、艾青等人开会商讨。萧红提议刊名为《七月》，得到了大家的赞同。于是，一个在抗战期间影响很大的刊物诞生了，其创刊号于1937年9月11日出版。参加筹备会议的人员中，还有一个年轻的东北作家，是萧红以前没有见过的，他就是端木蕻良。端木蕻良原名曹汉文，又名曹京平，1912年生于辽宁昌图的一个大地主家庭。优渥的家庭条件，使得他从小过着养尊处优的生活，身上多少有一些大少爷气。但他也是一个进步青年，九一八事变时正在南开中学读书的他，因领导学生运动而被学校除名，后来还一度加入抗日部队。脱离部队后，他考入了清华大学历史系，并加入了北平左翼作家联盟。1933年的时候，年仅21岁的他已经成为北方"左联"常委，并和鲁迅有书信往来。1936年初他来到上海，再次向鲁迅写信求教。他的短篇小说《爷爷为什么不吃高粱米粥》等得到了鲁迅的褒奖，并在鲁迅的推荐下得以发表。因此，端木虽然从未见过鲁迅，但和当时的许多年轻作家一样，往往喜欢以鲁迅弟子自居。

端木和萧军都是辽宁人，性格却大相径庭。不同于萧军粗豪勇武的军人气质，端木身上有着更多温柔儒雅的文人气息。

在《七月》的编辑会议上接触几次之后，萧红发现，她和端木的很多观点都比较接近，甚至比萧军更有共同语言。但是《七月》仅仅出了三期，上海的局势就渐渐恶化，马上就要沦陷了。胡风联系到一些武汉的朋友，他们愿意为刊物提供纸张和资金，因此他准备把刊物迁往武汉出版。胡风还建议二萧、端木等人和他一起去武汉，他负责编辑刊物，其他人负责写稿。眼看上海的局势已经危若累卵，大家都同意了胡风的建议。这样，萧红和萧军一起，于1937年9月28日乘火车离开了他们居住两年多的上海，来到处于大后方的武汉。

途中，他们偶然认识了诗人蒋锡金。蒋锡金当时正在汉口编辑《战斗》《时调》等刊物。他虽然在武汉租有房子，但是由于公务繁忙，晚上经常回不了家，总是在外面过夜。由于当时时局混乱，大批伤兵、难民等形形色色的人纷纷涌入武汉，外来人很难找到住房，所以二萧就住在了蒋锡金家里。蒋锡金的家虽然只有窄小的两间屋，一间做卧室一间做书房，但他还是爽快地把内间的卧室让给了二萧，自己搬到外面的书房住。

《七月》的其他同仁如胡风、端木蕻良、田间、艾青等也都陆续如约来到武汉。二萧热情地邀请端木来和他们一起住，蒋锡金也很高兴结识端木，所以就从邻居处借来一张竹床，让他和自己同住书房。四个人在一起，相处非常融洽，他们同吃同住，时不时地聊聊天、开开玩笑，偶尔还会抬几句杠，玩得不亦乐乎。一天，蒋锡金的家里来了一位年轻的女画家梁白波，她当时参加了一个漫画宣传队，随队来到武汉后认识了蒋锡金。两人本是儿时好友。十年前，蒋锡金一家租住的正是梁白波家的房子，她是他的房东，二人经常一起玩耍。然而十年过去了，如今他们乍一见面，都没有认出对方，交谈后方才知道是旧交。因此，梁白波来看望蒋锡金，并在他的介绍下认识了萧红。萧红也是有一定美术才能的，她的房间里就挂着自己画的风景画。梁白波看了很感兴趣，就和萧红聊了起来，二人聊得非常投机，萧军也过来殷勤地陪着聊天。二萧虽然此前不认识梁白波，却早听说过她：他们在哈尔滨时最亲密的朋友之一、此时已经英勇就义的金剑啸，在上海学习美术时有过一段恋情，对象正是梁白波，这次在蒋锡金家里遇到她，真是不能再巧了。

梁白波羞涩地提出，想和他们住在一起，因为她自己的住处实在是太惨不忍睹了。蒋锡金很为难，自己的房子本来就不大，现在已经住了四个人，再加一个怎么住得下呢？这时萧红提出了一个大胆的主意：让端木搬进来和他们夫妇共睡一张大床，然后梁白波和蒋锡金住一屋。这样的安排显然有悖常理，萧红可能是有意撮合梁白波和蒋锡金这一对青梅竹马的朋友，同时她也可能已经喜欢上了端木，想要创造进一步接近他的机会。但神奇的是，另外几个人竟然都同意了；更神奇的是，梁白波就这样和他们一起住了几个月后，他们才知道梁白波是有男友的，他就是画家叶浅予，梁白波所在的漫画宣传队队长。叶浅予最初并没有随队来武汉，而是留在了南京，1937年12月13日，南京陷落以后他才过来，并找到梁白波，带她搬了出去，蒋锡金家于是恢复了原状。

由于二萧和端木都在蒋锡金家，这里也成了《七月》同仁聚集的场所。可是，蒋锡金虽然和其他人相处得很友好，却偏偏看不上《七月》的核心人物胡风，因为他一提到鲁迅就言必称导师，让蒋锡金很反感。因此，《七月》同仁一开会，蒋锡金就躲得远远的。南京陷落以后，武汉也成了一座危城，很多文艺界的朋友纷纷撤离，因此空出了许多房子，蒋锡金索性搬了出去。萧军和萧红也搬到了一个朋友那里，这样原来蒋锡金住的房子只剩下端木一个人。然而本来相安无事的二萧和端木，分开以后反倒纠葛不断。因为之前三个人总在一起，萧军并没有发现什么异常。现在他们搬走了，萧红还是时不时地回来找端木，萧军才逐渐意识到，萧红对端木已经暗暗萌生了感情。他对此非常不满，但碍于情面又无法说破。尽管萧军早就做好了分手的准备，但是大男子主义严重的他，可以接受分手的事实，却不能容忍别人把他的爱人"抢"走，因此对端木非常嫉恨。萧军和端木本来相处得还算融洽，但从此越来越看对方不顺眼，端木觉得萧军粗鲁、蛮横，萧军则觉得端木装腔作势。

1938 年 1 月，李公朴等人从山西临汾来到武汉，为山西民族革命大学（简称民大）招聘教师。这所大学是由阎锡山联合中共创办的，目的是为抗战培养人才，教员多为共产党员和爱国民主人士。李公朴首先找到了端木，又通过他去动员其他人，结果除了蒋锡金和胡风因为要编各自的刊物，不能离开武汉外，端木、萧军、萧红、艾青、聂绀弩、田间等人纷纷响应。于是，一行人于 1 月 27 日离开武汉。战争期间交通不便，火车走了十来天，于 2 月 6 日到达临汾。

这批人到临汾后不久，又来了一批文化人，这就是丁玲带领的"西北战地服务团"。丁玲和萧红同为中国现代最重要的左翼女作家，虽然她们在性格、气质上差别很大，但还是有本质上的共同点：她们一方面向往革命，一方面又具有强烈的女性独立意识，而且在某种程度上都感受到了二者之间的矛盾。二人迅速结下了深厚的友谊。然而萧红在临汾没过上几天安稳日子，西北战局就发生了巨变，日寇攻陷了太原，临汾的文化人必须撤离。他们有两个选择，一是随民大撤离到晋西南，和学生一起打游击；一是随丁玲的西北战地服务团，经运城转移到西安。当时大多数人都选择了后者，萧红也不例外。但是萧军则打算留下来打游击，实现上前线的梦想。

为此，二萧爆发了他们之间最严重的一次争吵。萧红觉得萧军这是逞能，因为他虽然曾经是军人，但已经远离军旅多年，如果重回军队，他的作用绝不会比一个真正的游击队员更大；而他一旦牺牲，造成的抗战文学事业的损失，将是很难弥补的。但是萧军却尖锐地反驳道，现在是争取民族解放的时代，谁应该留着性命去发展"天才"，谁又应该去死呢？萧红觉得他这是胡来，忘记了"各尽所能"的道理。萧军则说："我们还是各自走自己要走的路吧，万一我死不了——我想我不会死的——我们再见，那时候也还是乐意在一起就在一起，不然就永远的分开……"话已至此，再说什么都是多余的了。

其实，萧军虽然已经是一个著名作家，但他的心中真正向往的却一直是军旅生活。在遇到萧红之前，他就有过打游击的打算，这个念头大概从来没有消失过，只是暂时被压抑了而已。现如今又有了这样的机会，他当然不愿放过。不过他最终并没有随民大转移，因为丁玲劝他说，和一群学生一起打游击不靠谱，还不如去五台革命根据地，加入共产党领导的正规游击队。他本打算听从丁玲的建议，但是经过延安时由于战局变化、交通受阻而无法继续前行，就滞留在那里。

如果仅仅是由于一时的去向问题，恐怕也绝不至于扯到"永远的分开"。说穿了，这还是他们之间的矛盾不断累积的结果，此次争吵，仅仅是压垮骆驼的最后一根稻草而已。争吵之后的第二天，萧红随丁玲等人登上了开往运城的火车，萧军前来送行。两个人心里都明白，这一次的分手，也就相当于永别了。

携手端木蕻良

　　萧红在运城停留几天后，于 1938 年 3 月 1 日辗转抵达潼关，后又来到西安，住在了八路军办事处。赴西安途中，萧红与新结识的塞克（原名陈凝秋，1906 年生，诗人、剧作家）以及端木蕻良、聂绀弩合写了剧本《突击》，到延安后，剧本于 3 月 16 日公演，引起了极大轰动。随后，萧红又把剧本寄给了在武汉的胡风，由他发表在了 4 月 1 日的《七月》第 12 期上。在西安期间，萧红经常接触丁玲，丁玲的豪爽和率真吸引了萧红，她们常像姐妹一样倾心交谈。同时，萧红与端木蕻良的感情有了实质性的进展，但是关于具体的过程，却众说纷纭。在端木蕻良及其亲友的叙述中，萧红一直钟情于端木，端木是出于道义才接受了她；在萧军和他的朋友们笔下，则是萧红本来厌恶端木，但最终没有经受得住他的"进攻"。我们不妨看看双方讲述的关于同一根小竹棍儿的故事。

　　聂绀弩曾经回忆，萧红喜欢随身携带一根小竹棍儿，它有二十多节，虽然很软但是韧性很好，萧红就拿它做手杖，带在身边已经有一两年。一天她对聂绀弩说，端木蕻良管她要这个小竹棍儿，她不想给，准备藏起来，然后告诉端木已经送给聂绀弩了，让聂帮她圆谎。聂绀弩答应了，而且明白这是端木在追求她。他虽然知道萧红不喜欢端木，又怕她因为所谓的"自我牺牲精神"而迁就，就提醒她说："飞吧，萧红！记住爱罗先珂童话里的几句话吗？'不要往下看，下面是奴隶的死所！'"不过萧红似乎没理解他的意思。过了几天，萧红主动请聂绀弩吃饭并向他道歉，因为，她已经把小竹棍儿送给了端木。聂绀弩心下一惊，问萧红这个小竹棍儿会不会"象征着旁的什么"，萧红却说他想多了，她早就告诉过他，自己如何讨厌端木。然而聂绀弩后来看到端木的一些表现时，他感到自己已无力阻止萧红，她已经栽到"奴隶的死所"上了。

　　而端木对于这个故事则有另一种讲述：一天傍晚，他们几个人一起散步，端木拿着一根用细树枝削成的木棍做手杖，他趁萧红不备，恶作剧地用木棍敲了一下她的小竹棍儿，竹棍应声落地，端木就嘲笑她的棍子不如自己的结实。萧红不服，捡起竹棍狠狠地敲了一下端木的木棍，竟把它敲断了。端木嚷着让萧红赔，或者把自己的竹棍送他也行。这时旁边的聂绀弩冷冷地说："萧红这个小竹棍儿，我早就向她要了。"萧红听了一惊，然后出了个主意，自己先把小棍藏起来，第二天一早让他俩到房间里找，谁找到归谁。他俩答应了，但萧红却事先告诉了端木小棍藏在哪儿，结果他自然顺利找到了。按照这种说法，萧红无疑是偏爱端木的，而且端木还说，他之所以向萧红要小竹棍儿，只是为了好玩，他丝毫也不能理解，为何到了聂绀弩眼里，它就简直成了"定情信物"。

两个故事孰真孰假，我们已经无法判断。用一位研究者的话说，关于萧红与端木蕻良的关系，当事人的各种说法都"纠集着不为人知的个体心结"，因此"作为后人只有倾听的资格"。但是有一个问题却值得琢磨：二萧和端木是一个文化圈子里的人，萧军的朋友基本也就是端木的朋友，可是为什么他们在谈及三人的情感问题时，总是有意无意地袒护萧军，却把端木描述得近乎一个小丑，甚至觉得萧红和端木走到一起就是栽到"奴隶的死所"呢？

其实，这和端木蕻良的做派有很大关系。前面提过，端木出身富家，身上或多或少有点儿公子哥的气质，尤其是讲究穿戴。在艰苦的抗战时期，别人都穿布鞋甚至草鞋，他却穿着洋气的马靴，后来到了重庆，他甚至穿上了名牌的"拨佳"皮鞋。据蒋锡金回忆，端木平时的打扮是这样的：穿西装配长筒靴，留着很长的鬓角，脑后的头发几乎盖住了脖子，容颜憔悴，举止羞涩。穿的西装是最流行的样式，又垫了很高的肩，两肩几乎是平的，所以蒋锡金等人送他外号"一字平肩王"。在一群以接近群众为荣、以资产阶级生活方式为耻的左翼作家中间，端木无疑显得太过另类。再加上他性格内向，不爱与人交流，就更容易招致他人误解，因此他即使身处左翼文化圈，也总是和周围的人有很深的隔阂。至于和萧红的关系问题，不得不说，左翼作家虽然自命"革命""进步"，却仍难免受到男权文化的影响。在他们眼中端木与萧红相恋，就是"夺人之妻"的恶劣行为，而全然不顾萧红也是一个独立的个体，且她与萧军的感情已经彻底破裂的事实。另外，很多人都觉得当初在哈尔滨是萧军"拯救"了萧红，甚至连萧军自己也这样认为，这显然不是事实。但是，人们却总是愿意相信自己臆想的"英雄救美"的故事，并且希望看到一个完美的结局，而端木，则不幸地成了这个故事的破坏者。

这时的丁玲遇到了一点麻烦：她和战地服务团年轻的团员陈明相恋了。丁玲已经35岁，且结过两次婚，而陈明只有22岁。这样的姐弟恋，在当时是惊世骇俗的，而丁玲的名气又如此之大，因此有关领导很关切，让丁玲回延安"述职"。萧红、端木、聂绀弩等人都一直想去革命圣地延安看一看，这次自然想跟着丁玲一起去。但是丁玲悄悄告诉了萧红自己去延安的真正原因，萧红理解她的烦恼，就放弃了同去的打算。萧红又把内情告诉了端木，结果端木也没去，只有不明就里的聂绀弩跟着丁玲去了延安。等他们回来时，又带回一个人：萧军。萧军加入游击队的计划受挫后，一直滞留延安，所以丁玲劝说他加入战地服务团。而聂绀弩呢，二萧分手之际，萧军曾托他照顾萧红，现在他眼看无法阻止萧红和端木相恋，因此也劝萧军到西安，以阻止萧红"跳火坑"。

就这样，萧军来到了西安。尽管他和萧红并未明言分手，但是上一次临汾之别以后，双方都知道不可能再在一起了。然而现在萧军似乎有了一点悔意，因为他知道了一件事：萧红已经怀上了他的孩子。他迫切地想要这个孩子，所以想和萧红和好，至少也要让萧红生下孩子后再正式分手，孩子可以由他抚养。可是萧红坚决不同意，结果两人又大吵起来。

萧军和端木蕻良之间也免不了要上演争风吃醋的戏码，至于具体的细节，各方的回忆则又是大相径庭。聂绀弩把端木描绘成一个十足的懦夫，他说他一回西安，端木就对他大献殷勤，因为端木惧怕萧军闹出什么事，想让他帮忙。而在端木一方的叙述中，萧军则表现得活像一个神经病，他先是粗声粗气地对萧红和端木说："萧红，你和端木结婚吧！我和丁玲结婚！"（据说萧军同时还在暗恋丁玲，后来才知道丁玲已和陈明相恋，方才作罢）萧红和端木觉得这是对他们人格的侮辱。因为既然二萧已经分开，萧红和谁结婚自然不用他管，再说他的语气，完全像把萧红当成一件什么东西抛给端木一样，所以二人非常气愤，甚至差点动手。之后萧军又总想寻找机会和萧红单独谈话，萧红却总也不给他机会。过了几天，他又向萧红要求复婚，萧红当然拒绝，并觉得受到了更大的侮辱。萧军气不过，此后每次看见萧红和端木一起外出，他就拎着一根棒子远远地尾随，让两个人极其难堪。一天晚上，端木正在睡觉，萧军一脚踢开他的房门，说要跟他决斗。端木自然不愿也不敢决斗，只好磨磨蹭蹭地穿衣服。好在此时隔壁的萧红听到动静，赶过来阻止了这场闹剧。

　　萧军一直折腾到了1938年4月下旬，终于意识到他和萧红再无复合的可能，这才悻悻地离开西安，去往新疆投入抗日救亡运动。途经兰州时，他和年仅18岁的王德芬相恋，二人迅速结婚并在报纸上刊登启事。后来二人厮守终生，共养育了8个子女。

　　而萧红和端木蕻良也离开了西安，再次回到武汉——他们的朋友蒋锡金、胡风等还在那里。他们仍住在之前蒋锡金的房子里，可是周围的朋友却几乎清一色地反对二人的结合，这让萧红和他们渐渐疏远。她大概永远也不能理解，那些人为什么可以对萧军的家暴、出轨如此宽容，同时却又对自己这般苛刻。此外，在文学观念上，萧红也和胡风等人几乎分道扬镳。4月29日，《七月》杂志社召开了一次座谈会，会上有人提到，抗战期间之所以没有好的作品产生，是因为抗战爆发后"阶级"不再那样鲜明了，以前写惯了阶级题材的作家们对于战争无法把握。这时，萧红发表了在别人看来简直是惊世骇俗的观点："作家不是属于某个阶级的，作家是属于人类的。现在或者过去，作家写作的出发点是对着人类的愚昧！"这句话简直可以视为萧红的宣言，从此，她的写作越来越超越了民族、阶级等时代主题，而更加自觉地接续了以鲁迅为代表的五四文学的启蒙传统。

5月下旬，萧红和端木蕻良在汉口正式举办婚礼，来宾主要是端木在武汉的亲友，还有艾青、胡风等文艺界的朋友，总共只有12个人左右。婚礼上，萧红动情地说："我对他没有什么过高的要求，只是想过正常的老百姓式的夫妻生活，没有争吵、没有打骂、没有不忠、没有讥笑，有的只是互相谅解、爱护、体贴。"熟悉萧红的人都能听明白，她的话暗暗针对的是谁。可见，她虽然已经和萧军分手，却很难立刻从他的阴影中走出来。

萧红在婚礼上还说了一段耐人寻味的话："我深深感到，像我眼前这种状况的人，还要什么名分，可端木却做了牺牲就这一点我就感到十分满足了。"这似乎暗示，萧红和端木在一起其实并不轻松，她仍然背负着沉重的心理负担。以前萧军被视为她的"拯救者"，如今端木又成了她的"牺牲者"，萧红无疑是一位大智勇者，但她却总觉得自己好像欠了男人的债，这个巨大的包袱，压了她整整一辈子。

萧红觉得端木为她做了牺牲，其原因显而易见。尽管在二人结合的过程中，究竟谁更加主动已经很难说清，但至少以世俗的眼光看，萧红绝不是一个理想的婚恋对象：她比端木年龄大，还是个离过婚的女人，身体又非常虚弱，最重要的是，她此时还怀着萧军的孩子（这是她一生中第二次怀着一个男人的孩子，和另一个男人结婚），这是她的一个心结。端木觉得，他既然接受了萧红，就要接受她的一切，包括她肚子里的孩子，这种态度当然是难能可贵的。可是萧红却不愿在生活中留下任何与萧军有关的痕迹，她执意要把孩子打掉。只是此时胎儿已经五个月了，打胎非常危险，更何况当时人工流产是违法的，极少有医生愿意承担这个风险。她好容易找到了一个胆子大的医生，可对方又狮子大开口，索要 140 元的手术费。萧红没有那么多钱，只能作罢。

这时武汉的局势进一步恶化。5 月 19 日，国民政府放弃徐州，自此武汉保卫战拉开序幕。7 月上旬，日军不断向武汉周围集结兵力，7 月 26 日，九江已被攻陷，8 月 5 日以后，国民政府拟定了保卫武汉的作战计划，武汉的市民、学生等开始自行疏散、转移。摆在萧红和端木眼前的只有一条路：再次逃离武汉。这一次的目的地是重庆，一是因为那里是战时的陪都；

二是因为端木的很多亲友都在那里，可以提供方便。从武汉到重庆只能走水路，但是当时的船票非常紧张。正好罗烽也准备去重庆，萧红就托他帮忙，但罗烽只有一张多余的票。在这种情况下，端木蕻良做了一件事，让他在之后的大半个世纪里一直被人诟病：他拿着船票登上了去重庆的轮船，而把挺着大肚子的萧红一个人留在了武汉。很多人直接把端木的行为概括为两个字——遗弃！

　　我们当然不能说端木蕻良完全无辜，毕竟这件事于情于理都很难让人理解。但在当时，他也确实有苦衷，因为随着大批难民涌入重庆，那里的住房极其紧张，如果他先去，好歹可以找亲友帮帮忙。而如果让萧红先走呢，她一个人到了重庆，人生地不熟，再加上怀着身孕、行动不便，连个落脚的地方都没有，恐怕还不如留在熟悉的武汉合适。再说萧红也不愿意和罗烽一起走，让一个男人一路照顾身孕很重的孕妇，实在是太给人家添麻烦了，万一有点什么事情也极其不方便。更何况，端木之所以放心把萧红留在武汉，是因为当时身在武汉的田汉夫妇也准备去重庆。由于抗战时期国共合作，田汉正担任国民政府军事委员会政治部第三厅第六处处长，他肯定有更多的办法搞到船票，所以他的妻子安娥劝说萧红跟他们一起走，这样万无一失，而且女性之间也方便照顾。如此看来，说端木"遗弃"了萧红，确实有点冤枉他。

　　或许有人会说，既然只有一张票，端木蕻良完全可以干脆让给别人，然后再找机会跟萧红一起走。可实际上，端木本来就是这么打算的，只是萧红坚决不同意，因为在战争时期，所有人都忙着逃难，一张船票有多么宝贵，后人是无法想象的。所以萧红主张，两个人能走一个是一个，就这样，端木一个人先去了重庆。他日后因为这件事而遭受了无数人的口诛笔伐，如果当时能够预料到的话，他是不是会做出另外的选择呢？

其实，虽然萧红嘴上坚持说让端木先走，可她心里很可能非常希望端木拒绝，而留下来陪她。然而端木毕竟不是萧军，他从小就是个阔少爷，家庭环境颇似《红楼梦》中的大观园，由于一直在周围的人（尤其是女性）的照顾中成长，他极少有照顾别人的经验。若论和萧红的相处方式，他和萧军恰好是两个极端：萧军总是把萧红当作小妹妹甚至女儿，恨不得一直把她保护在自己的羽翼之下；端木和萧红则更像姐弟，他更多时候反倒要萧红来照顾。所以当萧红让他先走的时候，他虽然有过犹豫，但还是答应了。端木的这种性格，恐怕也不能说是缺陷。萧红之所以离开强势的萧军而选择了相对弱势的端木恰恰是由于跟端木这样的人在一起，她才能最大限度地保持自己的独立性。但所付出的代价则是，当她最需要保护的时候却可能会因对方的软弱而失望。

由于种种原因，萧红并没有按原计划和田汉夫妇同行，直到 1938 年 9 月中旬，她才买到船票，和她同行的是左翼文人冯乃超的夫人李声韵。但是走到宜昌的时候，李声韵突然病倒，萧红在别人的帮助下才把她送到当地的医院，然后独自回码头。在码头上找船时，正值黎明之前，由于光线晦暗，她被一条缆绳绊倒了。这时胎儿已经有足足八个月大，萧红这一跌实在是危险之至，但是当她独自一人躺在码头上的时候，心里却暗暗希望能跌流产，因为她不知道在这战乱的年代，该如何把孩子拉扯大。甚至，她觉得自己也可能再也起不来了……过了好久，萧红终于被一个旅客发现并扶起，才逃过一劫，她重新上了船，肚子里的胎儿也奇迹般地安然无事。就这样，她历尽艰辛，终于一个人逃到重庆，途中一共走了十来天。1938 年 10 月 25 日，武汉沦陷，萧红如果晚走一个月，必将陷入绝境。

在重庆

　　端木蕻良先期抵达重庆后，房子果然十分难找，他只能寄宿在一个朋友家，萧红来了以后也住在了这里。值得庆幸的是，通过复旦大学教务长孙寒冰，端木得以做复旦大学新闻系兼职教授（由于战争，复旦大学和许多东部高校一样都搬到了大后方），每月有几十元的课时费，这在当时算是不错的收入了。另外他还与复旦大学教授靳以合编《文摘战时旬刊》，随复旦大学主办的《文摘》杂志一同发行。端木本来生活能力就差，现在又同时做着两份工作，就更没法照顾萧红了，因此11月份进入临产期后，萧红提出住到罗烽、白朗夫妇那里。

　　罗烽、白朗住在江津，离重庆很近。他们和萧红都是好朋友，白朗又有过生育的经验，由她照顾萧红非常合适。而且罗烽的母亲和他们夫妇同住，她也能够帮忙。端木给他们写了一封信，很快就得到白朗的回信，欢迎萧红去。就这样，萧红坐轮船来到了江津。不过来到白朗家后，萧红的脾气变得非常暴躁，有好几次因为一点小事就对白朗发火，甚至在面对白朗的婆婆时，也偶尔按捺不住发过脾气。老太太自然非常不高兴，白朗夹在朋友和婆婆中间，也觉得很难堪。罗烽和白朗都觉得，萧红是因为和萧军分手后过得很不愉快，才变成这样的，于是自然而然地归咎于端木蕻良。但实际上，以今天的医学知识来看，萧红很可能是患上了产前抑郁症。

在白朗家里住了二十多天后，萧红临产了。白朗把她送到江津唯一的一所小医院，那里只有她一个病人。住进去不久她顺利产下一个男婴。孩子白白胖胖，长相酷似萧军。出生后的前几天，孩子一直平安无事，可是据白朗回忆，有一天萧红对她说自己牙痛难忍，让她给弄点德国拜耳产的"加当片"，这是比阿司匹林厉害得多的镇痛药。第二天一早，萧红告诉白朗，孩子夜里抽风死了。白朗听罢马上急了，说昨天还好好的，怎么说死就死了，要找医院理论，萧红死活拦着不让找。白朗这段回忆后面的潜台词，让人毛骨悚然。不过有研究者指出，白朗回忆这件事的时间是20世纪90年代，当时她已是暮年，而且长期的政治运动曾令她两次精神分裂，因此她的回忆是否准确，还是值得质疑的。

紧接着，萧红说自己住在医院总觉得害怕，非要出院。可是当地的风俗认为，不出满月的产妇住在家里是不吉利的，所以白朗的房东不让萧红回去住。白朗只好买了船票，把萧红从医院接出来后，直接送她上船回重庆。在萧红生产期间，端木蕻良已经通过朋友在歌乐山云顶寺下找到了一所房子，这样他们终于不用寄宿在别人家了，而且这里风景优美，气候宜人，非常适合于恢复身体和写作。回家以后，端木蕻良在萧红面前绝口不提孩子的事情，尽量不触动她的伤心事，这也有利于她重新开始工作和生活。

萧红和端木在歌乐山住了大约半年。在这期间，她和许多友人都有交往，他们也都因为战争而来到了重庆，比如胡风、梅志夫妇，日本反战人士鹿地亘、池田幸子夫妇，以及为国民党中宣部担任日语广播员的日本友人绿川英子等等。但是几乎所有的朋友都对她和端木的结合表示过不理解，这也令她非常苦恼。比如她去看胡风夫妇的时候，如果一个人去，就能和他们聊得很好；如果和端木一起去，几个人就无话可说。

1939年5月，萧红和端木离开歌乐山，搬到了北碚的黄桷镇。搬家的原因一是原来的住处有耗子，萧红特别害怕耗子，经常被吓得尖叫。偏偏重庆的耗子比北方的厉害得多，胡风和梅志的小女儿刚出生十几天，在家里竟然被耗子咬了，萧红闻知此事更觉害怕。另一个原因是，端木授课的复旦大学位于重庆远郊的北碚，离歌乐山的住处太远，他每次上课回来都疲惫不堪，所以再次找到孙寒冰，通过他的帮助，在复旦大学附近找到了两间空房子。房子的位置在黄桷山下的一个苗圃里，这里远离市中心，环境非常不错，离复旦大学也不远。到了秋天，他们又搬到了秉庄的复旦大学教授宿舍，这是一栋二层小楼，从此端木上班更方便了。而且，周围住的都是复旦大学的同事，和端木合编《文摘战时旬刊》的靳以就住在他们楼上，这些高级知识分子往往不太喜欢交际，所以萧红和端木也可以安静地读书写作。

但是这些同事中也不是没有另类。有个叫陈炳德的体育教员，其实就是个国民党特务，他是官方安插在复旦大学中间，专门负责盯梢左翼教授的一举一动的。萧红和端木从别人那里得知他的真实身份后，就对他敬而远之。可气的是，这人家里还有个十分凶悍的女仆，她经常狗仗人势，欺负其他教授。比如，她多次把酱油瓶、鞋袜等故意摆在端木他们的窗台上，让他们无法开窗透气，端木几次交涉无果。有一次她又把一双鞋放在窗台上，端木气不过，直接把鞋扔在地上。没想到那个女仆气势汹汹地打上门来，端木一把把她推出去，然后关上门若无其事地干自己的事。那个悍妇则就势摔倒，然后撒泼耍赖，叫骂了一阵后看无人理她，又跑到大街上继续大闹，搞得满城风雨。萧红没办法，只能去求住在楼上的靳以，最终靳以陪着萧红，把那个泼妇带到镇公所，验伤之后赔些钱了事。

这件事迅速成为周围人的笑柄，大家都说，文学家就是不一样，丈夫打了人，老婆去平事。萧红当然也很苦恼，不过端木的性格就是这样，他处理生活琐事的能力非常差，由于一时冲动惹出麻烦后，自己既没有力量也没有勇气去承担后果，结果萧红就成了唯一能替他收拾残局的人。既然选择和这种性格的人在一起生活，萧红就不得不面对此类让人啼笑皆非的事情。

不过和这些琐事比起来，更让她痛苦的是，她发现端木和萧军一样不能理解她的文学追求。1939年秋，为纪念鲁迅逝世三周年，萧红开始撰写长篇回忆散文《回忆鲁迅先生》。10月26日写毕后，萧红曾把它寄到上海，交许广平审阅，后于1940年7月由重庆妇女生活出版社出版。在浩如烟海的纪念鲁迅的文章当中，这篇《回忆鲁迅先生》是最为人称道者之一。

然而当它出版的时候，端木蕻良却为它加了一段画蛇添足的后记，其中说："右一章系记先师鲁迅先生日常生活的一面，其间关于治学之经略，接世之方法，或未涉及。将来如有机会，当能有所续记。"端木蕻良在这里其实是隐隐地表达着他对这篇文章的不满，或许在他看来，萧红不应该把注意力只放在那些不值一提的生活琐事上，而应该关注鲁迅的治学、思想等更为"重要"的方面。靳以的一段回忆生动地说明了端木的真实态度：

一次靳以来到萧红家里，端木正在睡觉，而萧红则在写作。为了不打扰端木，靳以低声问萧红在写什么，她答是回忆鲁迅先生的文章。这轻微的对话声却引起端木的好奇，他一面揉着眼睛一骨碌爬起来，一面用略带轻蔑的语气说："你又写这样的文章，我看看，我看看……"他看后鄙夷地笑起来："这也值得写，这有什么好写？"他不顾别人难堪，笑出声来，萧红的脸就更红了，带了一点气愤地说："你管我做什么，你写得好你去写你的，我也碍不着你的事，你何必这样笑呢？"他并没有再说什么，可是他的笑没有停止。

实际上，《回忆鲁迅先生》的最可贵之处，恰恰在于萧红有着自己独特的接近、理解鲁迅精神与思想的方式。萧红所关注的，并不是作为"思想家""战士"甚或"主将"的鲁迅，而首先是作为一个"人"的鲁迅。她通过大量的生活细节，还原了这位伟大作家可敬而又可爱的真实形象，进而超越种种意识形态的藩篱，而直达鲁迅的精神深处。可是端木对此并不理解，尽管由于个人作风的原因，他在左翼作家圈子里显得比较另类，但当他评价萧红的作品时，仍然采用的是僵化的政治标准。因此，他根本认识不到《回忆鲁迅先生》的价值，甚至觉得这种文章根本不值得写。看来，萧红当初在婚礼上所表达的"没有争吵、没有打骂、没有不忠、没有讥笑"的简单愿望，仍然没有完全实现。

耐人寻味的是，靳以在揭露了端木的这段"劣行"之后，紧接着说："后来那篇文章我读到了，是琐碎些，可是他不该说，尤其在另一个人的面前。"显而易见，靳以所气愤的，只是端木在外人面前让萧红难堪的做法，至于他对文章本身的看法，则与端木并无二致。由此可见，萧红与端木的分歧不仅仅是个人性的，她与主流的文学规范已经渐行渐远。

整个 1939 年，日机频繁轰炸重庆，到了 12 月，复旦大学所在的北碚也遭到轰炸。由于校舍遭到严重破坏，复旦大学已根本无法正常开展教学活动。萧红和端木无事可做，只能在家里埋头写作。可是越来越频繁的轰炸让他们不得安生，经常是写着写着，空袭警报就来了，他们只能夹着稿子逃出去。此外，那个做特务的邻居以及他的恶仆，也总是对他们不断骚扰，因此他们萌生了离开重庆的念头。至于去哪里，二人之间最初是有分歧的，端木主张去桂林，因为那里是除了重庆之外文化人士最多的地方，左翼进步文化势力很发达。但萧红觉得，当时重庆已经日夜处在轰炸之下，如果日军继续向南推进，桂林早晚也躲不过去，所以还不如走得远一点，直接去香港。香港当时是英国的殖民地，太平洋战争爆发之前，日本并没有向英美宣战，因此那里是最安全的。考虑到二人此前和香港文坛多有联系，《星岛日报》《大公报》等都刊发过他们的作品，到那里也有很多朋友可以依靠，端木接受了萧红的建议。

　　然而去香港的机票非常难买，托人订票至少要提前一个月。1940 年 1 月 14 日，端木和萧红来到重庆城里，找到一个在中国银行工作的朋友，问他有没有办法买到票。意想不到的是，当晚对方就回话称，17 日有两张票，是给中国银行预留的机动舱位。他们决定立即动身，由于时间紧迫，他们甚至都没有回到北碚的家中，只是打电话给端木的远房亲戚，让他们帮着收拾稿件、书信，并处理转租房屋等杂事。端木和萧红上飞机时，几乎什么也没带，这是萧红的流亡生涯中最仓促、最狼狈的一次。

魂断香港

　　到香港之后，端木和萧红先是住在了位于九龙尖沙咀的一栋楼房里。他们刚安顿下来，就来了一位访客：著名的"雨巷诗人"戴望舒。戴望舒和他们虽然从未谋面，但是在他主编的《星岛日报》上，多次发表过端木和萧红的作品，因此也算是有文字之交。戴望舒与萧红夫妇一见如故，第二天就邀请他们去自己家做客。他住的是一栋背山临海的三层楼房，地方宽敞，环境也好，所以他和妻子穆丽娟劝萧红他们搬来一起住。只不过他们的房子建在山坡上，而当时端木的腿疾风湿病刚好犯了，上下山非常不便，所以只能婉拒。

　　不久孙寒冰来到香港，他给了端木一个任务：编辑"大时代文艺丛书"。原来，复旦大学下设的出版机构大时代书局，在香港设有办事处，书局想编一套文艺丛书，正愁找不到人选时，孙寒冰想到了初来香港的端木。端木接下了这个差事，孙寒冰又提议，为了方便工作，请他们夫妇住到书局楼上空出来的房间里。正好萧红不喜欢原来的房东，他们就搬了过来。这里虽然只有不到 20 平方米，但对面的办公室平时基本没人，所以正好充作客厅，他们自己的房间放一张大床、一张大写字台，足以满足日常起居和工作之需。

萧红和端木到香港后，受到了当地文化界人士的热烈欢迎。整个 1940 年上半年，他们频繁参加各种文坛活动，表现得相当活跃，也结识了大量的文艺界朋友。但是萧红的内心仍然是忧郁的，她给白朗写信诉说到，住所周围的环境恬静而幽美，处处是鲜花和鸟鸣，又有碧澄的海水相伴，这本是自己一直梦想的佳境。可如今，她只感觉到寂寞，虽然交游甚广，可是却没有一个真正能够推心置腹的朋友。她不懂粤语，和当地人根本无法交流，这更加重了她的寂寞感。端木虽然每天也很繁忙，但是他内心的感受和萧红类似，所以二人一度产生了回内地的念头。然而 5 月 27 日，日军轰炸了位于北碚的复旦大学，据说他们误把校舍当成了军营。多次帮助过端木的孙寒冰，在这场轰炸中丧生，另外还有几位朋友受伤。如果萧红和端木没有来香港，恐怕也在劫难逃。这样的重庆肯定不能再回去了，然而他们又能去哪里呢？

无奈之下，他们只能继续在香港苦熬，用不断地创作来排遣内心的苦闷。1940 年，萧红出了三本书：3 月，短篇小说集《旷野的呼喊》作为郑伯奇主编的《每月文库》出版；6 月，端木主编的"大时代文艺丛书"又出了《萧红散文》；7 月，《回忆鲁迅先生》也出版了。端木这段时间也出版了很多作品，他们得到了大笔稿费，因此可以不必为生计发愁，于是萧红开始沉下心来写作长篇小说。她先是续写在重庆没有写完的《马伯乐》。这是一部讽刺小说，风格和萧红的其他作品有很大不同。大约在六七月间，《马伯乐》第一部完稿，交大时代书局出版。此后她又打算写一部表现革命者"因为追求革命而把恋爱牺牲了"的小说，只是没有写完。萧红逝世后，端木又把手稿遗失了。

从9月起，萧红又开始续写《呼兰河传》。她在武汉时就开始写这部小说，只是后来颠沛流离的生活，让她的写作断断续续，一直没有完成。现在她终于有了闲暇，用了几乎整整四个月时间，完成了这部杰作。小说一边写一边在报刊连载，12月20日完稿，27日刊载完毕。在此期间，只有一件事让她中断了《呼兰河传》的写作，那就是纪念鲁迅先生诞辰。鲁迅生于1881年9月25日，农历八月初三，按照中国传统的年龄计算方法，到了1940年正好虚岁60。这一年又是抗战进行得如火如荼的时候，正需要宣扬鲁迅先生的抗争精神，以鼓舞民族士气，因此全国各地都举办了隆重的纪念活动。在1940年的农历八月初三这一天，香港各界人士在"孔教堂"举行纪念晚会。会上，萧红做了关于鲁迅生平事迹的报告。此前，萧红还受中华全国文艺界抗敌协会香港分会之邀，创作了一部哑剧《民族魂鲁迅》，只不过由于经费有限，这个剧本最终没能在晚会上演出。《民族魂鲁迅》带有比较强烈的政治色彩，和萧红其他那些纪念鲁迅的文字风格很不相同。不过据端木蕻良的后人回忆，这部哑剧其实是端木执笔的，萧红只是最终修改定稿而已。后来它在香港《大公报》连载，署的是萧红的名字。

11月，端木蕻良和萧红结识了东北民主人士、东北民众自救会会长周鲸文。周鲸文是东北军将领张作相的外甥。张作相与张作霖是结拜兄弟，皇姑屯事件后他全力辅佐张学良，张学良尊敬地称他为"老叔""辅帅"。因为这层关系，周鲸文与张学良多有来往，他当时正经营时代书店，也做其他生意，财力非常雄厚。周鲸文打算筹办大型文学刊物《时代文学》，邀请端木做主编；同时还计划创办《时代妇女》，请萧红做主编。但是当时萧红的身体已经越来越差，所以她谢绝了。半年多以后，《时代文学》创刊号于1941年6月1日出版，之后每月出版一期，至太平洋战争爆发后停刊，共出七期。周鲸文在萧红逝世后也写过怀念她的文章，其中说"端木对萧红不太关心"，并觉得这是因为"端木虽系男人，还像小孩子，没有大丈夫气。萧红虽系女人，性情坚强，倒有男人的气质"。看来，这是朋友们对端木的共同印象。

1941年初，震惊中外的"皖南事变"爆发，国共关系变得极度紧张。萧红也受到了很大的刺激，因为她知道弟弟张秀珂当时就在新四军中，非常担心他的安危。在焦虑的情绪和连续写作的劳累双重刺激下，萧红的身体彻底垮了，经常咳嗽、发烧。但是自幼漂泊的萧红忍受过太多的伤痛，所以她最初根本没有把这些症状当回事；而端木所做的，也不过是给她买些药而已。2月中旬，萧红在一次活动中偶遇史沫特莱。她们早在上海就见过面，这次算是重逢。看到萧红的身体状况后，史沫特莱马上建议她去新加坡养病，并联系了香港的玛丽医院，让萧红先全面检查一下。萧红一度被说动了，4月茅盾夫妇来到香港时，萧红还动员他们一起去新加坡。但是茅盾因为身上有任务，不能离开香港。萧红找不到合适的同伴，所以只能暂时留下。史沫特莱由于同情中国人民的抗战，已经被日本当局视为眼中钉，处境十分危险。5月份，她被迫离开香港回到美国，而萧红去新加坡养病的计划也就此泡汤。

6月，萧红写了短篇小说《小城三月》，这差不多是她最后一篇重要作品。9月份，在九一八事变十周年前后，她又连续写作两篇文章《给流亡异地的东北同胞书》和《"九·一八"致弟弟书》，表现出投身民族解放运动的热情。可以说，萧红后期的创作虽然在风格上明显地偏离了主流文学规范，但是她自始至终并未忘却周围的时代。

但是萧红的身体已经愈发支撑不住了。9月，她最终住进了玛丽医院。这家医院的住院费非常昂贵，端木和萧红的稿费虽有不少，却完全不够开销。这时周鲸文慷慨解囊，负担了萧红的全部住院费用，她才得以安心养病。经过全面地检查，萧红被确诊患了肺结核，并且已经相当严重，两肺都有了空洞。因此她被转移到隔离病房。这是一间"骑楼"，即从正楼接出来的房间，这种房间的特点是空气流通好，特别适合肺病患者居住，但缺点则是入冬后会比较冷。玛丽医院对萧红采取了在当时比较先进的空气针疗法，这种疗法虽然效果不错，但过程却很痛苦。萧红第一次打空气针后，简直觉得生不如死，好在治疗几次之后，她的反应逐渐减轻了，咳嗽、发烧等症状也有了很大缓解。这时她开始续写《马伯乐》第二部，仍然是一边写一边在刊物上连载。到了11月份，编辑来找萧红，说《马伯乐》的积稿已经刊完，问她怎么办，但是萧红说，她实在没有力量再写下去了。就这样，《马伯乐》成了一部未完成的作品，最后一次连载时注明"第九章完，全书未完"。

然而这时的萧红却对玛丽医院越来越不满意，一是因为冬天住在骑楼比较冷，本来已经好转的肺病，又因为着凉而加重，不断地咳嗽；二是医院的医护人员非常傲慢，萧红咳嗽得厉害的时候，恳求医生给打止咳针，可是医生却拒绝了，还说："咳嗽不要紧，肺病还有不咳嗽的吗？"当然医生说的或许是事实，但是生性敏感的萧红，却再一次感受到了让她无法容忍的冷漠，于是提出要出院。端木蕻良是个没主意的人，他只能找周鲸文商量，周鲸文觉得回到家里不利于养病，劝说她安心住下去。但这让萧红更加烦闷，因为她觉得朋友只是一味相信医生，而丝毫不顾及她自己的感受。

11月下旬，萧红还是出院了，帮她安排出院的是一位新结识的朋友于毅夫。于毅夫生于黑龙江肇东，和萧红是老乡。他又是共产党员，受党组织委派，到香港专门负责联络进步文化人士，因此结识了萧红和端木。于毅夫觉得，萧红既然那么想出院，非逼她继续住下去绝不是好事，毕竟肺病的调养需要一个好的心情，因此他自作主张，帮助萧红收拾衣物准备出院。端木来到医院后，看到他们已经收拾好，颇有些无奈，只得跟值班护士说，病人家里有事需要回去几天，过后还要住回来，于是他们没有结账、没有办理出院手续就回到了家中。周鲸文接到端木的电话后，才得知萧红出院的消息，他对于毅夫的感情用事非常不以为然，第二天就带着夫人去看望萧红，并劝她回到医院。萧红大概不忍拂了周鲸文的好意，而且冷静下来后，也觉得病重之际不住在医院也不是办法，就答应了。但是，还没等她重回玛丽医院，一件大事发生了。

1941年12月8日凌晨（美国时间12月7日），日军偷袭珍珠港，日本天皇颁布了向英美两国宣战的诏书，太平洋战争爆发。与此同时，日军发动了对香港的进攻，经过几天激战于13日攻占了九龙半岛，18日后开始对香港本岛上拒不投降的英军发动猛攻，25日占领整个香港。

12月8日战争爆发时，萧红和端木还在九龙的家中，由于日军率先袭击的是九龙，市民纷纷乘船逃奔到香港本岛，整个九龙陷入了恐慌和混乱。这时端木感到晕头转向：他首先要到银行取一大笔钱，因为战争爆发后物价必然飞涨，无论是生活开销还是给萧红治病都需要钱；其次要抢购生活物资，尤其是食品，因为战时的食品供应必然十分紧张。然而面对病弱的萧红，他根本走不开，只好找来一个人帮他照顾萧红，这就是骆宾基。骆宾基也是东北作家群的重要成员，"皖南事变"后来到香港，在端木的帮助下他在香港文坛得以立足。另外，他又是萧红的弟弟张秀珂的同学，因此这时候端木求他帮忙，他感到义不容辞。

骆宾基来到后，端木才得以出去处理一些事务。他回来后就跟骆宾基商量带着萧红逃离九龙的办法，但在当时的情形之下，几个人一筹莫展。这时于毅夫赶来了，他是奉中共党组织之命，专程来帮助他们转移的。他们商定好8日当晚就撤离九龙，渡海到香港本岛，几个人分头准备：于毅夫负责找船，端木收拾东西，骆宾基照顾萧红。当晚，几个人做了一个临时担架抬着萧红，乘坐小划子来到香港本岛，住进了思豪大酒店。

这时八路军驻港办事处接到指示，要他们帮助香港的文化人士撤离。萧红和端木自然都是帮助的对象，可萧红当时的身体状况已经无法撤离了。端木这时候做出了一个让人目瞪口呆的决定：他打算把萧红丢给骆宾基，自己随地下党离开香港。12月9日，他把自己的决定告诉萧红以后，就匆匆地走了。这无疑让萧红陷入彻底的绝望中。于毅夫有无数的事情要做，不可能一直陪伴萧红，此时陪在她身边的，只有骆宾基一个人。于是，萧红将自己一生的磨难不断地向骆宾基倾诉，尤其是对于端木的怨恨。骆宾基也对端木十分不满，他后来写了《萧红小传》一书，将萧红对端木的许多抱怨公之于众，甚至说，萧红曾经给他一张小纸条，上书"我恨端木"四字，这让自以为有恩于他的端木极其不满，由此引起了无数笔墨官司。

　　端木连续几天没有来思豪大酒店，但他不能马上离港，还要等地下党组织的消息。到了12月中旬，或许是看到萧红的病势越来越严重，端木在跟有关人士沟通后，放弃了撤离的打算，这让萧红感到些许欣慰，但是端木当初的决定在她心中留下的伤痕，已经不可能消除。18日以后，香港本岛也遭到了轰炸，他们所在的酒店也中弹了，不能继续住下去，于是端木和骆宾基抬着萧红东奔西跑，最终还是在周鲸文的帮助下，在时代书店的书库里安顿下来。然而萧红的病势还在发展，除了咳嗽、发烧，又增添了喉头肿胀和胸闷的症状。所有的医院却都由于战争而大门紧闭，这让端木心急如焚，他到处打听，终于听说位于养马地的养和医院还在收治病人。这是一家口碑还算不错的私人医院，端木立刻前往联系，最终费了千辛万苦，于1942

年 1 月 12 日把萧红送进了养和医院。

　　然而就在养和医院，萧红经历了她人生中最后一次不幸。入院经过检查后，医生认为她患了气管结瘤，需要立即开刀。端木对此有疑虑，因为结核患者伤口很难愈合，不能轻易开刀。但医生坚持自己的判断，萧红也希望早日摆脱病痛的折磨，于是她自己签署了手术同意书。术前，萧红向端木交代了后事。据端木说，主要内容有四项：第一，希望端木保护她的作品，不要被人篡改，版权全部交给端木；第二，希望死后葬在鲁迅墓旁，如不可行，就埋到一个风景区，要面向大海；第三，希望端木以后去哈尔滨，把她和汪恩甲的孩子找到；第四，为报答骆宾基一直照顾她的情谊，要把一部作品的版权送给他。但这些都出于端木的回忆，并无其他旁证，很难判断是否属实。尤其是作品版权问题，骆宾基曾说，萧红出于对端木的憎恨，不想把版权给端木，而准备全部留给他。这种事情不但涉及人事纠葛，还有利益问题，孰真孰伪，后人实在很难说清。

　　事后证明，这是一次彻彻底底的误诊，她的气管中根本没有结瘤。而且本来就虚弱至极的萧红经过手术的折腾，已经完全说不出话了，在生命的最后一段时间，她只能用笔写字和人交流。更糟的是，端木担心的术后感染果真出现了，萧红高烧不退，陷入了昏迷。她醒来后，为了防止伤口粘连，医生又用一根铜质吸管插入她的喉管，令她痛苦不堪。此时他们对养和医院已失去信任，端木四处奔走，终于又打听到，玛丽医院已重新开业，因此他和骆宾基于 1 月 18 日将萧红送到了玛丽医院。19 日午夜，萧红看到一旁陪护的骆宾基醒来，拿过一张纸，用笔写道："我将与蓝天碧水永处，留得那半部《红楼》给别人写了。"骆宾基劝他别胡思乱想，可她接着写道："半生尽遭白眼冷遇……身先死不甘，不甘。"然而她的神情却异常安详。

21日，骆宾基回了一趟九龙。为了照顾萧红，他已经连续44天没回家了。他有一部长篇小说的书稿在家里，这是他两年心血的结晶，他放心不下，想要取来带在身边。等他22日回到玛丽医院的时候，却发现门口已经挂上了"大日本陆军战地医院"的牌子，门口有卫兵把守，谁也进不去。原来，就在22日一早，日军突然占领玛丽医院，把所有病人赶出门外。端木在医院人员的帮助下，把萧红送到了一家法国医院。骆宾基闻讯后立即赶到，没想到过了不久，这家医院也被日军占领。好心的法国医生陪着端木和骆宾基，把萧红抬到圣士提反女校，那里有红十字会设立的临时医院。可是这里连基本的医疗条件都不能满足，萧红一会儿昏迷一会儿清醒，喉头不断涌出白沫。端木问法国医生萧红还有没有救，医生说，在正常情况下她是有希望的，可现在这种状况就难讲了。

上午10时，萧红永远地离开了这个她寄予了太多爱与恨的世界，享年31岁。萧红逝世后，端木把她的遗体送到火葬场火化，但是在战争的特殊情境下，竟然连骨灰盒都供不应求。端木无奈之下，只能到古董店买了两个罐子装骨灰。其中一个埋到了浅水湾；另一个他本打算带在身边，后来觉得这样不安全，就埋在了圣士提反女校院内。这里风景优美，又是萧红离开这个世界的地方。可惜的是，圣士提反女校的骨灰罐至今为止仍没有被发现。

萧红小传
名家忆萧红

也就是说，在患难生死临头之际，萧红先生是生死置之度外地为朋友奔走，超乎利害之外的正义感弥漫着她的心头，在这里我们看到她却并不软弱，而益见其坚忍不拔，是极端发扬中国固有道德，为朋友急难的弥足珍贵的精神。

风雨中忆萧红

丁玲

本来就没有什么地方可去，一下雨便更觉得闷在窑洞里的日子太长。要是有更大的风雨也好，要是有更汹涌的河水也好，可是仿佛要来一阵骇人的风雨似的那么一块肮脏的云成天盖在头上，水声也是那么不断地哗啦哗啦在耳旁响，微微地下着一点看不见的细雨打湿了地面，那轻柔的柳絮和蒲公英都飘舞不起而沾在泥土上了。这会使人有遐想，想到随风而倒的桃李，在风雨中更迅速迸出的苞芽。即使是很小的风雨或浪潮，也能显出百物的凋谢和生长，丑陋或美丽。

世界上什么是最可怕的呢？绝不是艰难险阻，绝不是洪水猛兽，也绝不是荒凉寂寞。而难于忍耐的却是阴沉和絮聒；人的伟大也不是能乘风而起，青云直上，也不只是能抵抗横逆之来，而是能在阴霾的气压下，打开局面，指示光明。

时代已经非复少年时代了，谁还有悠闲的心情在闷人的风雨中煮酒烹茶与琴诗为侣呢？或者是温习着一些细腻的情致重读着那些曾经被迷醉过被感动过的小说，或者低回冥思那些天涯的故人？流着一点温柔的泪，那些天真、那些纯洁、那些无疵的赤子之心，那些轻微的感伤，那些精神上的享受都飞逝了，早已飞逝得找不到影子了。这个飞逝得很好，但现在是什么呢？是听着不断的水的絮聒，看着脏布似的云块，痛感着阴霾，连寂寞的宁静也没有，然而却需要阿底拉斯的力背负着宇宙的时代所给予的创伤，毫不动摇地存在着，存在便是一种大声疾呼，便是一种骄傲，便是给絮聒以回答。

　　然而我决不会麻木的，我的头成天膨胀着要爆炸，它装得太多，需要呕吐。于是我写着，在白天，在夜晚，有关节炎的手臂因为放在桌子上太久而疼痛，患沙眼的眼睛因为在微小的灯光下而模糊。但幸好并没有激动，也没有感慨，我不缺乏冷静，而且很富有宽恕，我很愉快，因为我感到我身体内有东西在冲撞；它支持了我的疲倦，它使我会看到将来，它使我跨过现在，它会使我更冷静，它包括了真理和智慧，它是我生命中的力量，比少年时代的那种无愁的青春更可爱啊！

　　但我仍会想起天涯的故人的，那些死去的或是正受着难的。前天我想起了雪峰，在我的知友中他是最没有自己的了。他工作着，他一切为了党，他受埋怨过，然而他没有感伤，他对名誉和地位是那样地无睹，那样不会趋炎附势、培植党羽、装腔作势、投机取巧。昨天我又苦苦地想起秋白，在政治生活中过了那么久，却还不能彻底地变更自己，他那种二重的生活使他在临死时还不能免于有所申诉。我常常责怪他申诉的"多余"，然而当我去体味他内心的战斗历史时，却也不能不感动，哪怕那在整体中，是很渺小的。今天我想起了刚逝世不久的萧红，明天，我也许会想到更多的谁，人人都与这社会有关系，因为这社会，我更不能忘怀于一切了。

萧红和我认识的时候，是在一九三八年春初。那时山西还很冷，很久生活在军旅之中，习惯于粗犷的我，骤睹着她的苍白的脸，紧紧闭着的嘴唇，敏捷的动作和神经质的笑声，使我觉得很特别，而唤起许多回忆，但她的说话是很自然而直率的。我很奇怪作为一个作家的她，为什么会那样少于世故，大概女人都容易保有纯洁和幻想，或者也就同时显得有些稚嫩和软弱的缘故吧。但我们都很亲切，彼此并不感觉到有什么孤僻的性格。我们尽情地在一块儿唱歌，每夜谈到很晚才睡觉。当然我们之中在思想上，在感情上，在性格上都不是没有差异，然而彼此都能理解，并不会因为不同意见或不同嗜好而争吵，而揶揄。接着是她随同我们一道去西安，我们在西安住完了一个春天。我们痛饮过，我们也同度过风雨之夕，我们也互相倾诉。然而现在想来，我们谈得是多么的少啊！我们似乎从没有一次谈到过自己，尤其是我。然而我却以为她从没有一句话是失去了自己的，因为我们实在都太真实，太爱在朋友的面前赤裸自己的精神，因为我们又实在觉得是很亲近的。但我仍会觉得我们是谈得太少的，因为，像这样的能无妨嫌、无拘束、不需警惕着谈话的对手是太少了啊！

那时候我很希望她能来延安，平静地住一时期之后而致全力于著作。抗战开始后，短时期的劳累奔波似乎使她感到不知在什么地方能安排生活。她或许比我适于幽美平静。延安虽不够作为一个写作的百年长计之处，然在抗战中，的确可以使一个人少顾虑于日常琐碎，而策划于较远大的。并且这里有一种朝气，或者会使她能更健康些。但萧红却南去了。至今我还很后悔那时我对于她的生活方式所参与的意见太少了，这或许由于我们相交太浅，和我的生活方式离她太远的缘故，但徒劳的热情虽然常常于事无补，然在个人仍可得到一种心安。

我们分手后，就没有通过一封信。端木曾来过几次信，在最后的一封信上（香港失陷约一星期前收到）告诉我，萧红因病始由皇后医院迁出。不知为什么我就有一种预感，觉得有种可怕的东西会来似的。有一次我同白朗说："萧红决不会长寿的。"当我说这话的时候，我是曾把眼睛扫遍了中国我所认识的或知道的女性朋友，而感到一种无言的寂寞。能够耐苦的，不依赖于别的力量，有才智、有气节而从事于写作的女友，是如此其寥寥啊！

不幸的是我的杞忧竟成了现实，当我昂头望着天的那边，或低头细数脚底的泥沙，我都不能压制我丧去一个真实的同伴的叹息。在这样的世界中生活下去，多一个真实的同伴，便多一分力量，我们的责任还不止于打开局面，指示光明，而还是创造光明和美丽；人的灵魂假如只能拘泥于个体的褊狭之中，便只能陶醉于自我的小小成就。我们要使所有的人都能有崇高的享受，和为这享受而做出伟大牺牲。

生在现在的这个世界上，活着固然能给整个事业添一分力量，而死，对人对己都是莫大的损失。因为这世界上有的是戮尸的遗法，从此你的话语和文学将更被歪曲，被侮辱；听说连未死的胡风都有人证明他是汉奸，那么对于已死的人，当然更不必贿买这种无耻的人证了。鲁迅先生的《阿Q正传》曾被那批御用文人歪曲地诠释，那么《生死场》的命运也就难免于这种灾难。在活着的时候，你被逼得不得不走到香港；死去，却还有各种污蔑在等着，而你还不会知道；那些与你一起的脱险回国的朋友们还将有被监视和被处分的前途。我完全不懂得到底要把这批人逼到什么地步才算够？猫在吃老鼠之前必先玩弄它以娱乐自己的得意。这种残酷是比一切屠戮都更恶毒，更需要毁灭的。

只要我活着，朋友的死耗一定将陆续地压住我沉闷的呼吸。尤其是在这风雨的日子里，我会更感到我的重荷。我的工作已经够消磨我的一生，何况再加上你们的屈死，和你们未完的事业，但我一定可以支持下去的。我要借这风雨，寄语你们，死去的，未死的朋友们，我将压榨我生命所有的余剩，为着你们的安慰和光荣。哪怕就仅仅为着你们也好，因为你们是受苦难的劳动者，你们的理想就是真理。

风雨已停，朦胧的月亮浮在西边的山头上，明天将有一个晴天。我为着明天的胜利而微笑，为着永生而休息。我吹熄了灯，平静地躺到床上。

（原载于《谷雨》1942 年第 5 期）

记萧红

陈纪滢

在旧报上，我读到萧军和她发表的散文，描写他俩怎样相爱，怎样过共同生活。他俩的文章都是泼辣的，真是够得上"赤裸"和"火热"。不过悄吟的文章，在泼辣之中，还含蓄着女性特有的细腻缠绵。

——陈纪滢

1933 年 8 月间，我奉报馆命，从上海到天津，由天津乘船到大连，预备回到隔别恰整一年的东北，暗访敌伪两年内的动态和成就。我漫游了沈阳小河沿，捡拾了北陵的红叶，踏遍了长春杏花村，闲逛了伪满的各部院。在一个肃杀的夜晚，我到了已陷敌手将近两年的哈尔滨。吃过晚饭之后，我就跑到和我有深厚渊源的国际协报馆，几个朋友见我忽然来到，不免又惊又喜。当时我认识了正在主编《国际公园》的刘莉（白朗）。我问她两年来东北文坛情形，她就把当时几位流行作家的名字告诉我，其中一位就是刘军（田军、萧军），另一位就是悄吟（萧红）。

过了几天，碰见了健谈的老友浣非，在聊天的当中，他就把我们离开哈尔滨以后的文友情形，一五一十地说了一遍，他绘声绘色地讲刘军和悄吟的文章是怎样赤裸，怎样火热，我当时听了，很觉愉快。因为在几年前，我们这些人在这块小天地打转的时候，他们还没有露头角，现在居然把那块小天地弄得越活泼了。

第二天，我又到报馆去翻看旧报。在旧报上，我读到萧军和她发表的散文，描写他俩怎样相爱，怎样过共同生活。他俩的文章都是泼辣的，真是够得上"赤裸"和"火热"。不过悄吟的文章，在泼辣之中，还含蓄着女性特有的细腻缠绵。同时，长春伪京出版一张大同报，文艺版也是一位朋友编的，杨朔、舒群、罗烽、金人都在那上面写稿。当时东北文风之盛，可以说达到最高峰，中间最引人兴趣的还是刘军、悄吟一对苦难夫妇的一段罗曼史。我起初很误会他们这群亡省奴，无耻地在敌伪钳制之下，卖弄风雅。后来，慢慢琢磨他们的文章，在字里行间，才发现他们共同有一种国破家亡的悲哀，更有一腔"同仇敌忾"的愤慨！我当时就预料到，照这样写下去，他们将会遇到危险的。

有一天，又从一位朋友口中知道悄吟就是十八九（1929~1930）年间在国内以体育著名、产生五虎将的东特女一中的女生张廼莹。她初中没毕业，就被绰号孔大牙的女校长革除了，理由是张廼莹思想浪漫，不守校规。据说孔大牙听了学生的报告，说："报纸上悄吟就是张廼莹，张廼莹跟人恋爱了不算，还无羞耻地写成文章，真是有损校誉。"同学们都这样反对她，于是她像一位弃妇似的，蒙垢含污，被数百人指骂着离开了学校。萧红后来写成的《商市街》，就是她离开学校过苦乐恋爱生活的一些散文。

当时，我对于她的印象和认识也止于此。虽然朋友们几次要拉我去看她，因为我很顾忌多见人，所以一直等我匆匆地离开哈尔滨，回到天津，这位叛逆的女性浮影，仍不时在我脑际掠过。

我在上海时，她和萧军在青岛，我离开上海去汉口，他俩便由青岛到上海。萧军的《八月的乡村》和她的《生死场》先后在上海出版，惊艳了文坛。后来，她的《商市街》也出版了。

1937年，"八·一三"后，上海文友大部撤退到武汉。他俩住在武昌锡金的家里，还有许多文友们也住在武昌。有一天，我特地约好来看他们，我们相见之下，并不陌生。从她的嘴里，才知道编大同报的金剑啸已经被敌人残杀了，当时谈着一些故人的消息，增添彼此不少怅惘。在沉默之中，萧军常常伸伸胳膊，拨拨头发，显示着他的臂力和英武。她呢，虽然也有一种东北人特有的爽朗风度，但女性的幽娴雅致仍然掩饰不住的。

他俩那时候的生活，大概相当好。萧军曾说每人结算一次版税就可得七八百元，那时候每年版税可结算三四次，物价也便宜，并从种种方面证明，他俩缺少的绝不是钱。以后他俩经常地为《战线》写写文章，虽然是短文，但风格与认真的态度，仍十分显著。

廿七年（1938年），他们去山西民大教书大概在临汾失守的前后，她开始婚变，萧军在《侧面》里很详细地记载这一段的历程。

她既跟了端木，朋友们谈起来都暗暗为她祝福。有人也不免七嘴八舌地分析她和萧军不能共同生活下去的原因，说："萧军太刚，她虽强，终究是女性，忍受不了萧军的刚。端木有无萧军之长是另一问题，但适能弥补其短。"这种话，特别在文人当中最容易引起。所以她的婚变，既是文人们的一个复杂问题，无论如何，在她个人也不能不算是一件极伤感情的事。

之后，萧军到成都，端木先来重庆，她滞留在汉口。武汉撤守前也来重庆，在江津和白朗、罗烽一同住着，她在生理变态中完成了《回忆鲁迅先生》。她和端木住在北碚，偶尔进城一趟，也少遇见。那时候除了出版《旷野的呼喊》（此处有误，萧红在重庆期间，《旷野的呼喊》尚未出版。1940年萧红去香港后，《旷野的呼喊》由上海杂志公司出版——编者按）以外，只听说她在埋头写长篇，《呼兰河传》也许就是那时期的产品。之后去香港，又出版《马伯乐》。一直到她死，她是否还有遗作待出版，此刻还不详知。她和端木一起时的生活情形，因为他们似乎尽量避免让人知道，所以能说出来的人也不多。我这样浮光掠影地记述她的写作生活史，自然不足以说明她的为人和她的作品的价值，然而在这片段的生活写作当中，也有令人感慨的地方。

第一，她是中国女子职业作家中最有成就，也最专门的一人。从《生死场》至《马伯乐》，她的几部长篇小说，在时间上讲是从"九·一八"至全面抗战后四年；从内容上讲，从在敌伪压榨下施行英勇的革命斗争，继而扫射社会上的苍蝇也扫射老虎。这种英勇泼辣的姿态不是前期女诗人或女作家们可及的，她的创作力之强，也不是后来的女作家们可望项背的。

第二，虽然这么说，我们不能不对她的遭遇表示惋惜。她蒙受的学校的羞辱，社会的讥笑，家乡沦亡的仇恨，男性的迫害，人间的嫉妒和一切诬谗，使她得到了快活，也揣起了苦痛。从一个叛逆的女性，慢慢地被环境吞噬，也渐渐成为一匹驯服的羔羊，一样地走上人生黄泉大路——"革命呀，创作结婚，生育，疾病，死亡。"

第三，我们觉得培养一个作家实在很难，培养一个女作家更难。社会对作家歧视，对女作家更歧视。一个作家，有时会被环境的迫害，伤害了身体，断送了创作前程，这岂不可惜？

萧红是呼兰河人，那里靠松花江北岸，呼海（呼兰至海伦）铁路的起点，是敌伪的魔爪常常践踏的所在。十年来那里布满了牛鬼蛇神，造成人间地狱。她不等故乡重见阳光，便死在敌寇侵占的香港，真是遗憾。人们祈求着：呼兰河畔春草年年，让黑山白水召唤萧红的孤魂吧。

（原载于 1942 年 6 月 22 日《大公报》）

悼萧红

柳无垢

> 萧红无助地讲着她身体上的病痛，我望着房内坐在各个病床边絮絮谈话的探病的人时，突然觉得萧红是寂寞而孤单的……萧红望着海，望着落日，听着风声，有一个多月了。她无助地病着，什么也不能做，焦急也只是徒然。
>
> ——柳无垢

这几天来萧红的形影特别地近着我。我想着她的死亡，她生前的种种，她对于生的留恋、死的恐怖和她内心的一片荒凉。

桂林的气候突然变了。一夜秋风，刮走了炎夏天气变得晴朗而干燥。但当我在秋天暖烘烘的阳光里走着时，一种萧瑟寂寞的感觉会把我的心灵包裹起来，虽然树木还是青的，野草还是那样的繁茂。于是，萧红的形影会伴着一种淡淡的哀怨，追踪着我。

浅水湾是常碧的。海水终年地冲击着海岸，洗去战争的血痕，洗去海边行人的足迹。我想到被孤单地埋葬在香港海滨的萧红，也许萧红留在人间的足迹会被冲洗掉，但她所走的路程，也就是人类历史的一段，不管是一寸一分，总是永生的。

我并不是萧红的密友，也并不曾和她有过长时期的相识。第一次知道她的名字，还是在七年前。那时我在海外，生活里只有隔绝和孤单这两个字。纽约摩天的高楼压迫我，使我喘不过气来。我万分地怀念祖国写信要父亲寄一两本中国最近出版的有时代意义的文学名著来。

两个月后，我接到父亲寄来的两本书：萧军的《八月的乡村》和萧红的《生死场》。

我一口气把这两本书读完。我更爱萧军那一部农民的史诗，但是萧红的《生死场》，尽管它的字句有时使人感到生硬，还是深深地感动着我。它唤出了一种新的呼声，是人类几千年来的折磨，悲哀，反抗和希望的呼声。

当我想到在饥寒中挣扎着，同代表一种制度的剥削者与侵略者斗争着的祖国的人民时，我感到兴奋而自惭，暂时遗忘了自己的苦恼。

但是我一直没有机会认识萧红，虽然"八·一三"沪战时，我们同在上海，虽然在她到了香港后，我一直想认识这位曾经感动过我的"女作家"。从朋友那里借到她的近著《马伯乐》，描写的是一个由无助、麻痹而至于形同浮尸的青年。我觉得萧红的描写有一点近于琐碎，失去了她旧有的新鲜和反抗的朝气。有时，朋友们谈到她，会带着亲切的责备说："呵，她只关在自己的小圈子里……"

1941年春，为了替《时代文学》翻译文章，便认识了萧红。

更凑巧的，我们两次在渡轮上偶遇，有一次她去配药，有一次她到玛丽医院去施行手术，后来她出院了，我又探望过她两三次。

消瘦的身材，苍白的脸，萧红和稍稍熟悉一点的人是会絮絮长谈的。我们先是谈一些通常的话：文坛的沉寂，国内青年的苦闷，文化工作者的岗位和怎样守住自己的岗位。最后一次去她家中看她时，她半病着靠在床上，穿着淡红色的睡衣，谈她在武汉陷落前自己和几个学生险遭拘留的一个小小插曲。也就如国内的政治空气一般，我们的谈话都免不了染上一层灰暗的颜色。

萧红诉说着她的头痛、失眠，在医院里施行手术时的痛楚，和施行手术后头痛毛病的依然如旧，使她不能阅读，不能写作。

她住在九龙乐道，小小的房间望不见多少青天，也望不见海和远山。我说她应该多在海滨走走，和大自然接近一点，也和人群接近一点。但是她说她才施行手术，不能多走动，也很少有朋友来看她。

而后来，甚至连偶尔去探望她的我，也因为工作的忙碌孩子的病，和旧朋新友的聚首，一直没有去看她，甚至有时走到离她极近的地方，也总似乎抽不出时间去看她一趟。人情有时是冷薄的，尤其在热闹和忙碌时，更会遗忘在寂寞病苦里的朋友。

可是就在一个秋天的下午，在玛丽医院里，我又看见了萧红。

朝夕同事的杰姆病了，是伤寒症，住在玛丽医院里。一个星期三下午，我乘空去探望他，又怕他饭后午睡，特地一个人在中环马路上踯躅了一阵在海边码头上坐着翻阅杂志，到四时光景才买了一份晚报，去医院里看他。当我坐在阳台上他的病床边时（下午他总爱把床搬到阳台上，在阳光里躺着），我听见楼上有什么人在叫我的名字，抬头一看，却看见萧红穿着医院的病服，散着头发，在阳台上和我招手，但一下子又隐在竹帘后面去了。

我按着方向上楼到那间病房里去找她，是三等病房，在明朗、洁净、宽敞的大房间里，分成两排，摆着二三十张病床。因为星期三不是探病的日子（三四等病房的探病时间是有限制的），所以当我带着犯规则胆怯的心情走进病房，向铺着同一的白被单，但躺着不同的病人的床逐一搜寻，而找不到萧红时，便立刻退了出来。因为自己犯了规则，又不知道她是不是用自己的姓名，便不敢询问护士，连电梯也不坐，走向杰姆的房间去，向他要了信纸信封，写了一封信给萧红，告诉她我怎样找不到她。

我原想打听她的病房的名字的，但电话没有打通，萧红的信却来了。信里充满了寂寞的热情，告诉我她接得我的信后，是如何的喜欢，又说，她重入医院，已经有一个多月了。

在我第二次去探望杰姆时，我又去找萧红。她睡在阳台上（怪不得第一次找不到她），天气很热，但她穿着绒的睡衣。她消瘦得多了，嗓子发哑，不能多谈话，并且极疲乏的样子，她告诉我，最初医生说她头痛，是因为子宫有病，所以才施行手术。但施行后头痛反更利害了，便又入院检查，照 X 光，才发现肺部有黑点，医生说她得入院治疗。本来住在隔离病房，但因为是四等的，食物非常的坏，所以要求换到三等来。但三等病房住满了，并且病人不喜欢有肺病的人住进来，所以医院里把她的床放在阳台上。阳台上没有窗，到晚上照例竹帘又得卷起来，刮风时冷得很。有一夜飓风侵袭香港，她冻得半死，但也没有看护来照顾她。虽然医生说空气和阳光是医治肺病的药品，而且还有三个得肺病的人也住在阳台上，入院后都慢慢地健康起来，但她却咳嗽着，精神一天比一天坏。医院里并没有什么特别的药给她吃，她自己又没有钱买补药，没有钱搬到二等病房去住。她真希望能早一点出院，还是回家去的好。

萧红无助地讲着她身体上的病痛，我望着房内坐在各个病床边絮絮谈话的探病的人时，突然觉得萧红是寂寞而孤单的。我也曾在同一间病房里住过一星期。七个傍晚，望着同一个血红的落日，沉浸到深碧色的海里去，火红的霞彩逐渐苍白灰暗起来。在夜间，眉儿般的新月慢慢肥起来，星星般渔舟的灯火，偶或在海里闪烁着。不管海是如何的亲切，冬天的阳光是如何的慈爱，但七天的落日带给我的仍是七天悠长的寂寞。而萧红望着海，望着落日，听着风声，有一个多月了。她无助地病着，什么也不能做，焦急也只是徒然。她想着世界上其他在苦难和挣扎斗争里的人群，她也便是其中的一个，但她却又似乎不属于大众和人群隔离。她不但有身体上的病痛，并且还有心头无边际的荒漠和苦恼，但却没有人去了解她，没有人来听她的诉苦。萧红是寂寞的。

但是我没有告诉她我心头的感触，怕她谈话太辛苦，便默默地走了。

我又在探望杰姆时，看望了萧红一次，她的病情一点也没有改善，依旧咳呛着，说总得想法回家才好。后来杰姆病愈出院，我又终天忙碌，没有再去看她。接着自己也病起来了。

晦晨来探望我，我告诉她萧红的病和她的寂寞。凭着一贯的热情，她立刻跑去看萧红。但她去迟了，过了探病时间，没有看到病人。

倒是父亲那里，知道一点萧红的病情：咳嗽得更利害，喉咙哑得谈话都非常困难，并且病着不能起身。父亲是一个热情人，虽然他与萧红才相识，但却介绍医生给她，替她设法弄钱，并且有时还亲自去看望她。

1941年12月8日上午，端木先生叫人送了一封信来，说早上的飞机声，机枪扫射声和轰炸声，是"真打仗"，不是"假演习"。萧红怕得不得了，要父亲去安慰她。我们那时还以为是"演习"，叫她安心休养。但后来有在报馆里工作的朋友来，才知道太平洋战事，真的在众人的睡梦中爆发了。于是父亲又冒着空袭，走到乐道去看萧红，告诉她真实的消息。

父亲回来说："萧红害怕得要命。她要我陪她，不放我回来。我要她安心，别那么害怕，并且告诉她在这年头，死极容易，生才偶然，别那么怕死。但是她总不能宁静，说她自己也做不来主，总害怕得什么似的。"

我没有去看望萧红，因为正和她一样，我自己也病着，出医院才两天，肺部外面的肌肉，还隐隐地作痛。我那时只哀怨自己的病，不能做什么事。我觉得战事爆发，香港已变成战争的前线。生命是什么呢？将有多少的人会在暴敌强迫开辟的新战场上死掉。个人的生命真如蚂蚁一般只拿来铺填人类历史的道路罢了。主要的倒是：甘愿被人践踏着死去呢？还是乘活的时候好好地活着，为自己，为别人，作一个被人鞭打残害而死的填路人。香港虽是帝国主义的殖民地，在那小小的一块土地上，百多万的人在无知和劳役中生着，死着。但是保卫香港也就是保卫民主阵线，而我们该在这时候做些什么有助于保卫的工作呢？香港终究会沦入敌人手里的。炮火和飞机的轰炸屠杀，死亡已经不是明日的事。但在未死之前能做些什么工作，来延长这百多万人的生的时间呢？

我恼怒着自己的病体，但却又平静地面对这意外的突变。对于萧红的恐惧，我一点也没有同情。不管眼前是多么的黑暗，死亡紧跟在我们的脚后，但人类的未来总是光明的；历史的道路虽然惯常的曲折迂回，但总是朝着进步的方向走的。

我没有了解萧红。我对于萧红知道得太浅了。我苛刻地用我自己当时的感觉去批评她。我也知道，心灵不断地被亲近的人的冷酷所刺戳的人，是最怕被人抛弃的。愈是知道自己的生命快终结的人，愈是对生有一种强烈的要求；愈是和人群，和这伟大的斗争隔离的人，愈来得重视自己的生命。但是我没有知道萧红的身世，她短短一生所经历的苦痛，她的身世所给予她的软弱，和她内心的斗争与悲哀。我没有懂得她对于死的恐怖，便是她对于生命的积极的态度。

香港沦陷了，百多万的中国人，平日是在殖民地制度下生活的，在香港也被当作一种被动的财物处置着没有机会参加战争。当交易行屋顶上的白旗高悬，一队三只的敌机在天空中巡察，山顶上的炮台最后一次发出几声巨大的爆炸声后，一切都沉寂下来了。经过了十八天的炮战、轰炸、肉搏，香港的沉寂使人感到异样的凄凉。统制香港的，是饥荒、恐怖、赌博、抢劫，和恶魔似的汉奸的活动。

侨民们大批大批地离开家屋，离开多年经营的产业，或是背着包裹，背着孩子徒步流浪着，或是挤在难民船里，冒着风浪和被抢劫的危险，回到祖国的怀抱里去。我和父亲也杂在"走难"者的一群里，离开这面目全非的城市。所有的朋友亲戚，却早已离散，连个人的踪迹都不知道了。

萧红也是离散朋友中的一个。在战争发生后，我们搬到香港西摩道时，父亲曾接到萧红的电话。她也过海来了，住在思豪酒店，说希望能够看见父亲。但是在四个月后，看到文坛的通讯，说萧红在香港逝世了。

这消息能是真的吗？萧红是怎样死去的呢？当炮火交轰敌人进袭香港时，她又在什么地方呢？当饥饿统治了全城时她有没有余米可煮，有没有零钱买米呢？敌人有没有凌辱她呢？她又带着怎样的心情，度过那十八天的日子的呢？她又在什么时候，怎样地死去的呢？

我似乎从未曾有过地怀念起萧红来。并不是死亡消除了人与人间的隔膜，倒是几个月来自己的遭遇和听到关于萧红的种种，使我更深一层地来体会她的寂寞，她的惧怕和她对于生的留恋。透过自己同阶级，同性别，相似的出身的悲哀，愤怒，苦恼和寂寞，我清晰地认识了萧红，第一次看见了她，同情她，但又如鞭挞自己般温情地埋怨她太早的死亡。

萧红原姓张，是东北一个地主家的小姐。就如千千万万的女性在时代的洪流里意识到人的自由权，企图解放自己，反抗旧社会的束缚一般，萧红为了反对旧式的婚姻，从家里逃奔出来。她和一个学生发生恋爱，怀孕，被遗弃。后来她离开哈尔滨到上海，转日本，又回上海。她学习写作，凭着深切的经验，热烈的同情和刻苦的努力，她写成了好些成名的著作。

"八·一三"战事发生，她也像千百个满怀热情的青年一般，走入更深的内地，去到西北，但却又停住在临汾，转回武汉。武汉危急前，她又随着移民的洪流去到重庆。跟着国内政治的发展，她退回到香港来，长期地在病痛中生活着。

战争，轰炸。萧红被从九龙送过海来，先住在跑马的友人家里，后来搬到七姊妹，再迁到思豪酒店，又搬到中环一家缝衣铺破烂的屋子里。几次拖着病体，从这里搬到那里，没有医药的医治，得不到更多的人情的温暖，在生和死的恐怖中挣扎着。

香港失陷，大半的医生都停诊。她的病情比战前更坏了，被送到养和医院去治疗。庸医误认她喉中有瘤，一定要她开刀。但开了刀，找不到瘤，呼吸却格外困难。又第二次开刀，用管子插在喉头，靠管子呼吸。但是医生并不关心病人的生死，毫不予以应有的照料。她又被送入玛丽医院，那里，经过一个外国医生和看护们热心地医治，才渐良渐有起色。但是敌人在正月下旬把所有的外国医生都关到集中营里去，占领了医院。就在缺乏医生的诊治和人类的温情，误食药片后，病情突变而逝世了。

就像千万个青年一般萧红不满现状，满怀着热情参加人类的解放战。在群的中间，她长大而强壮起来。但是武汉陷落，抗战转入一个新阶段，民众运动由高潮低退下来。除了尝历一般文化工作者的挫折和苦闷外，萧红还经历了许多个人的悲哀。一个年青的女人，投身在群的运动中，但又不能单独地站起来生活。经历了爱的创伤萧红仍旧企图凭着新的爱情，来医治自己过去的创伤，想凭着这新的爱情，重新把自己建设起来，把自己的生命和未来融汇在群的生命和未来中。萧红想消极地驱除寂寞，驱除阶级的苦闷，遗忘做女人的悲哀，进而积极地成为一个战士。但是也就像仅以男人的感情为自己的生命之源泉，因而愈来愈把自己和群的生命相隔离的女人的命运一般，萧红一再尝受人情的冷落。有一次，在敌机月夜轰炸武汉时，她拖着怀孕的身子，在恐惧里奔逃着，跌倒在江边的路上，昏晕过去。夜幕覆盖着她，冷风欺侮着她，星星嘲弄着她。她独个儿在马路上昏迷地躺着，直到下一天由陌生人把她救起来，孩子流产了（此处有误，孩子是出生后夭折的——编者按）。但那一夜空袭里恐怖的遭遇，却永印在她心上，这恐怖在香港之战时，一直像恶魔般紧抓住她的身心。

萧红悄悄地来到香港。她的健康已经因为几年来的折磨而损坏。靠忠实的笔杆生活的人，贫困便是她的命运，她必须不断地写作，才能生活，才能积聚一笔医药费。但是长期的病，生活的狭窄，感情因过分的摧残，创伤而不断扩大。写些什么呢？一个已成名的作家有她特有的困难，她必须写一些能使自己，使读者都满意的作品。但是生命已经像池水般失去活力，再没有力量流入江河，流入大海。愤懑着自己小我的悲哀，愤懑着自己摆脱不了阶级身份和性别所留给她的感情；愤懑着在人类日益扩大尖锐的斗争里，自己不能做一个积极的参与者；体会着千百万人群无声地忍受悠长的苦恼、贫困、磨折，而自己虽就是他们中间的一个，却又偏不能把小我的感情汇合到大的苦痛里；明白只有更扩大自己的生活，只有凭着自己的意志感情，不再依靠别人的感情来生活，才能逃出这恶魔似的压迫。然而萧红仅只能不断地在身体和内心的病痛中挣扎着，她耻于诉说个人的哀怨，耻于诉说自己的心怀，甚至不能迈过个人的苦恼，把同时代同阶级同性别的人的苦闷，赤裸裸地写绘出来。

萧红悄悄地逝世了。她还年轻得很，但她却死得那样的苦恼凄凉。萧红是勇敢的，她强烈地惧怕死，也就是强烈地渴求着生的表示。她的渴念生命，也就是她企求在活着的时候能够参与这人类的斗争。她曾经得到不少友人的热爱和温情，虽然她死的时候是寂寞的。她曾在中国的文坛上，也在世界的文坛上，遗留下好些珍贵的作品，这些作品是人类的苦恼、反抗和希望的结晶。

萧红曾几次做过母亲，但没有一次能够把孩子养大起来。在临死的前几天，她对一个朋友说："我最大的悲哀和苦痛便是做了女人"。

这一句话，叫出了在那个社会制度下女人的苦痛和悲哀。萧红的一生，也便是中国女人的苦痛的历史的累积。

然而萧红是看见了女人光明解放的前途的，她也看见了一个新社会的诞生和生长。虽然她自己没有走完她斗争的行程。

（原载于《文化杂志》1942年第3卷第2期）

萧红小论

骆宾基

　　少女时代的萧红先生就以勇者的姿态向社会思想的封建力抗拒了，最初她"背叛"了她的大地主家庭，那大地主家庭就是这社会思想的封建力的一个具体，无数具体中的一个有力的据点。她反抗它，也正是反抗那抽象的社会思想的封建力。虽然她没有和整个的进步社会思想的主流联结，虽然她是把这一战斗看作是个人与家庭的问题，然而也正由于此，她向那被她当作孤立的，不是社会封建的整体的一部分的封建家庭宣战，而且是获胜了，就是说没有被俘，她得到了解放。这也就是进步的社会思想力的一个个别战斗的胜利，她是果敢而坚毅的。在《初冬》那一篇散文里，我们可以看到这勇者的姿态。

　　　　初冬，我走在清凉的街道上遇见了我的弟弟。

　　　　"莹姐，你到哪去？"

　　　　"随便走走吧！"

　　　　"我们去吃一杯咖啡好不好？莹姐。"

我们开始搅着杯子玲琅地响了。

"天冷了吧，并且也太孤寂了，你还是回家的好。"

我摇了摇头，我说："你们学校的篮球队怎样？还活跃吗？你还是很热心吗？"

然而，到底少女时代的萧红先生发现她自己面对着的是势力雄厚的一种社会力量了，不单单是一个大地主家庭，在《黑夜》那篇优越的散文里，她写道：

也许是快近天明了吧！我第一次醒来……我就像睡在马路上一样，孤独并且无所凭据。我对她并不有着一点感激，也像憎恶我所憎恶的人一样憎恶她。虽然她给我一个住处，虽然从马路上招引到她的家里。

然而这时候的萧红先生颓丧了吗？没有。

假如走出去，外面又是"夜"。但一点也不惧怕，走出去了。

我把单衫从身上褪了下来，我说："去当，去卖，都是不值钱的。"

这次我是用夏季穿的通孔鞋子去接触着雪地。

这就充分说明为什么萧红先生和作家萧军先生一相遇就建立下以后的辉煌的共同战斗的基础。这是一个伟大的见面，他，作为哈尔滨《国际协报》副刊投稿人的萧军，见到那副刊上披露的萧红先生的待援呼声——在这里我们必须指出这是一个孤立战士向进步的社会思想领域发出的呼喊——雄壮地来访了。

那时候，萧红先生正被困在一个旅馆里。这个会见，是两种向顽强的旧社会作战的战斗力的结合性的会见，这正和当时历史的逆流——日本法西斯思想——和那顽固的社会封建力接触就结合起来做着正比例的。一个坚强的以行动向社会封建力撞击的战斗力和一个在思想领域做着艰苦斗争的战斗力只要接触到，那拥抱力的坚强是可以想象到的。而且他们的战斗性能，立刻融为一体，那就是说，萧红先生不只是在行动上和社会进行搏斗，而且加入人类思想领域里作战了，她和萧军合著了《跋涉》。

然而终于萧红先生不得不和作为她丈夫的萧军共同撤退了。这不是失败，而是向作为祖国革命的社会思想力的主力军大本营的上海集中，这是孤立的战斗力和主力的汇合，而且必须汇合。因为敌对的封建社会力配合了日本法西斯的军力，是太雄厚了。

汇合之后的大会战，那外面的迫害力不是围攻性的了，因为这是思想领域里两大阵营的会战，而作为主力旗帜的是鲁迅先生，自然萧红先生感到的那敌对威力，较之在哈尔滨是减削了，因为到底是另外有着主力军的战斗。

就在这时候，作家萧红感受到另一种社会力的威胁，那就是社会的男人中心力。这是早已存在的，之所以在这时候才显著，那是因为会战性的战斗力分散，就是说外在的迫害力不得不向主力军集中，不得不分散配合。这是一个必然的空隙，萧红先生在这空隙间注意到那日益膨胀的社会中心力，实际上虽然并不是日益膨胀，而是历史的存在。她感到自己是这种社会力的附属力，在这点上，作家萧红大胆地抗拒了，不只是思想的，她是向历史挑战，她将孤立，因为如那些机械的等待主义者们所说："得等到社会解放了，再来谈妇女的解放呀！"而萧红先生是不能忍从、等待的，她在行动上大无畏地开始抵拒。

最初，她是秘密出走，她在上海法租界某一个绘画学校报了名，而且作为寄宿生匿名上课了。然而她被发现，因为那学校是不收有丈夫的妇女的，何况家庭干涉。结果，她终于只身出国，1936年去东京了，她感到在历史面前她是孤独的，如她所说："所有的朋友都是站在萧军那一面，呵！男人社会……"这问题她是必定解决的，她的血液里没有屈服的因素。

这就说明了为什么1938年春天当她和萧军先生分开的时候，为什么以自己为中心在身旁树立一个怯懦的弱者。

然而在这一战役上，作家萧红是失败了。因为弱者正因为弱，在面对着顽强的社会力的时候，他同样是弱的。而且相反，在历史对他有利而且和社会封建站在一起，弱者面对着一个孤立的妇女又是以强者姿态自居的。

就这样，作家萧红回忆到过去，她所来的路上了，她在《回忆鲁迅先生》之后，又写下了《呼兰河传》，这是思想突击力停止的时期，它缓缓流着……

思想变为行动正如地下突出的趵突泉一样，开始它是奔腾的，及至她占据了它的位置而平静，而停止奔腾，那也只是在积聚，在缓慢地膨胀，在向四周逐渐开展，随着地势而潜潜地伸涨，直到它为两岸限制，它将规律奔流，如罗曼·罗兰所说，带着一路的尘沙，它将灌溉两岸的大地。然而就在这时候，萧红先生的体力突然衰弱了。1942年1月22日午前11时，萧红先生在香港逝世，遗留给中国文学史的是她的几部著作和一个大的遗憾。

（原载于1946年1月22日重庆《新华日报》）

在西安

——回忆萧红

聂绀弩

> 何人绘得萧红影
>
> 望断青天一缕霞
>
> ——西青散记

"飞吧,萧红!你要像一只大鹏金翅鸟,飞得高,飞得远,在天空翱翔,自在,谁也捉不住你。你不是人间笼子里的食客,而且,你已经飞过了。"当你在黄昏的雪的市街上,缩瑟地走着的时候,你的弟弟跟在后面喊:

"姐姐,回去吧,这外面多冷呵!"

"哦,你别送我了!"你说。

"是回去的时候了,家里人都在盼望你的音讯咧!"

"弟弟,你的学校要关门了!"

不管弟弟,不管家人,你飞过了!今天你还要飞,要飞得更高,更远……

"你知道么？我是个女性。女性的天空是低的，羽翼是稀薄的，而身边的累赘又是笨重的！而且多么讨厌呵，女性有着过多的自我牺牲精神。这不是勇敢，倒是怯懦，是在长期的无助的牺牲状态中养成的自甘牺牲的惰性。我知道，可是我还是免不了想：我算什么呢？屈辱算什么呢？灾难算什么呢？甚至死算什么呢？我不明白，我究竟是一个人还是两个；是这样想的我呢，还是那样想的我。不错，我要飞，但同时觉得……我会掉下来。"

朦胧的月色布满着西安的正北路，萧红穿着酱色的旧棉袄，外披黑色小外套，毡帽歪在一边，夜风吹动帽外的长发。她一面走一面说一面用手里的小竹棍儿敲那路边的电线杆子和街树。她心里不宁静，说话似乎心不在焉的样子，走路也一跳一跳地，脸白得跟月色一样。她对我讲了许多话，她说：

"我爱萧军，今天还爱，他是个优秀的小说家，在思想上是同志，又一同在患难中挣扎过来的！可是做他的妻子却太痛苦了！我不知你们男子为什么那样大的脾气，为什么要拿自己的妻子做出气包，为什么要对妻子不忠实！忍受屈辱，已经太久了……"

接着又谈一些和萧军共同生活的一些实况，谈萧军在上海和别人恋爱的经过……我虽一鳞片爪地早有所闻，却没有问过他们，今天她谈起，在我，还大半是新闻。

在临汾分手的时候，我不知道他们之间谈过一些什么话，表面上，都当作一种暂别，我们本来都说是到运城去玩玩的，萧军的兴趣不高，就让他留下了。一个夜晚，萧军送我、萧红、丁玲、塞克、D.M.（指端木蕻良——编者按）到车站，快开车的时候，萧军和我单独在月台上踱了好一会。

"时局紧张得很，"他说，"临汾是守不住的，你们这回一去，大概不会回来了。爽性就跟丁玲一道过河去吧！这学校（民大）太乱七八糟了，值不得留恋。"

"那么你呢？"

"我不要紧。我的身体比你们好，苦也吃得，仗也打得。我要到五台去。但是不要告诉萧红。"

"那么萧红呢？"

"哦，萧红和你最好，你要照顾她，她在处世方面，简直什么也不懂，很容易吃亏上当的。"

"以后你们……"

"她单纯、淳厚、倔强、有才能，我爱她。但她不是妻子，尤其不是我的！"

"怎么，你们要……"

"别大惊小怪！我说过，我爱她，就是说我可以迁就。不过这是痛苦的，她也会痛苦，但是如果她不先说和我分手，我们永远是夫妇，我决不先抛弃她！"

我听了为之忧然了好久，我至少是希望他们的生活美满的。当时，还以为只有萧军蓄有离意，今天听见萧红诉述她的屈辱，才知道她也跟萧军一样，临汾之别，大概彼此都明白是永久的了。

我们在马路上来回地走，随意地谈。她说得多，我说得少。最后，她说：

"我有一件事要拜托你！"

随即举起手里的小竹棍儿给我看，"这，你以为好玩么？"那是一根二尺多长，二十几节的软棍儿，只有小指头那么粗。她说过，是在杭州买的，带着已经一两年了。"今天，D.M. 要我送给他，我答应明天再讲。明天，我打算放在箱子里，却对他说是送给你了，如果他问起，你就承认有这回事行么？"

我不假思索地答应了她。我知道她是讨厌 D.M. 的，她常说他是胆小鬼、势利鬼、马屁鬼，一天到晚在那里装腔作势的。可是马上想到，这几天，D.M. 似乎没有放松每一个接近她的机会，莫非他在向她进攻么？我想起萧军的嘱托。我说：

"飞吧，萧红！记得爱罗先珂童话里的几句话么：'不要往下看，下面是奴隶的死所……'"

她的答话，似乎没有完全懂得我的意思。当然，也许是我没有完全懂得她的意思。

在西安过的日子太久了，什么事都没有，完全是空白的日子！日寇占领了风陵渡，随时有过河的可能，又经常隔河用炮轰潼关，陇海路的交通断绝了，我们没有法子回武汉。这时候，丁玲约我同她到延安去打一转。反正闲着无聊，就到延安去看看吧。一连几天都和丁玲在一块接洽关于车子的事情，没有机会与萧红谈什么。

临行的前一天傍晚，在马路上碰见萧红。

"你吃过晚饭没有？"她问。

"没有，正想去吃。你呢？"

"我吃过了。但是我请你。"

"那又何必呢？"

"我要请你，今晚，我一定要请！"

进饭馆后，她替我要了两样菜，都是我爱吃的，并且要了酒。她不吃，也不喝，隔着桌子望着我。

"萧红，一同到延安去吧！"

"我不想去。"

"为什么？说不定会在那里碰见萧军。"

"不会的。他的性格不会去，我猜他到别的什么地方打游击去了。"

吃饭的时候，我没有说话，她也不说话，只默默地望着目不转睛地望着，好像窥伺她的久别了的兄弟姊妹是不是还和旧时一样健全似的。在我的记忆里，这是她最后一次和我只有两人坐在馆子里，最后一次含情地望着我。我记得清清楚楚好像她现在还那样望着我似的。我吃了满满的三碗饭。

"要是我有事情对不住你，你肯原谅我么？"出了馆子后，她说。

"你怎么会有事对不住我呢？"

"我是说你肯么？"

"没有你的事，我不肯原谅的。"

"那个小竹棍儿的事，D.M. 没有问你吧？"

"没有。"

"刚才，我已经送给他了。"

"怎么送给他了！"我感到一个不好的预兆，"你没有说已先送给我了么？"

"说过，他坏，他晓得我说谎。"

沉默了一会儿，我说：

"那小棍儿只是一根小棍儿，它不象征着旁的什么吧？"

"你想到哪里去了？"她把头望着别处，"早告诉过你，我怎样讨厌谁？"

"你说过，你有自我牺牲精神！"

"怎么谈得上呢？那是在谈萧军的时候。"

"萧军说你没有处事经验。"

"在要紧的事上，我有！"

但是那声音在发颤。

"萧红，你是《生死场》的作者，是《商市街》的作者，你要想到自己的文学上的地位，你要向上飞，飞得越高越远越好……"

第二天启行，在人丛中，我向萧红做着飞的姿势，又用手指天空，她会心地笑着点头。

半月后，我和丁玲从延安转来，当中多了一个萧军。他在到五台去的中途折到延安，我们碰着了。一到××中（我们的住处）的院子里，就有丁玲的团员喊："主任回来了！"萧红和 D.M. 一同从丁玲的房里出来，一看见萧军，两人都愣了一下。D.M.就赶来和萧军拥抱，但神色一望而知，含着畏惧、惭愧，"啊，这一下可糟了！"等复杂的意义。我刚走进我的房间，D.M.连忙赶过来，拿起刷子给我刷衣服上的尘土。他低着头说："辛苦了！"我听见的却是，"如果闹什么事，你要帮帮忙！"我知道，比看见一切还要清楚地知道：那大鹏金翅鸟，被她的自我牺牲精神所累，从天空，一个筋斗，栽到"奴隶的死所"上了！

（原载于 1946 年 11 月 22 日重庆《新华日报》）

追忆萧红

许广平

　　自从日本人占领了东北，成立伪满洲国之后，许多东北作家都陆续逃亡到山海关里来了。在1934年的10月，萧红和刘军两先生（那时的称呼，即萧军）到了人地生疏的上海，"就是还没有在这土里下根。"（见鲁迅给刘军信）非常之感觉寂寞和颓唐，开始和鲁迅先生通信。在一个多月之后的11月27日，由于他们的邀请，鲁迅先生和我们在北四川路的一间小小的咖啡店做第一次的会面了。

　　每当患难的时候遇到具有正义感的人，人是很容易一见如故的，况以鲁迅先生的丰富的热情和对文人遭遇压迫的不幸（之同情），更加速两者间的融洽。为了使旅人减低些哀愁，自然鲁迅先生应该尽最大的力量使有为的人不致颓唐无助。所以除了拨出许多时间来和萧红先生等通信之外，更多方设法给他们介绍出版，因此，萧红先生等的稿子不但给介绍到当时由陈望道先生主编的《太白》，也还介绍给郑振铎先生编的《文学》，有时还代转到良友公司的赵家璧先生那里去。总之是千方百计给这些新来者以温暖，而且还尽其可能给介绍到外国。那时，美国很多人欢迎中国新作家的作品，似乎史沫特莱女士也是热心帮助者，鲁迅先生特地介绍他们相见了。在日本方面，刚巧鹿地亘先生初到上海，他是东京帝大汉文学系毕业的，对中国文学颇为了解，同时也为了生活，通过内山先生的介绍，鲁迅先生帮助他把中国作家的东西译成日文，交给日本的改造社出版，因此萧红先生的作品，也曾经介绍过给鹿地先生的。从这里我们可以得知萧红先生的写作能力的确不错，而鲁迅先生的无分成名与否的对作家的一视同仁，也是使得许多青年和他起着共鸣作用的重要因素。

作为东北人民向征服者抗议的里程碑的作品，是如众所知的《八月的乡村》和《生死场》。这两部作品的出现无疑地给上海文坛一个不小的新奇与惊动，因为是那么雄厚和坚定，是血淋淋的现实缩影。而手法的生动，《生死场》似乎比《八月的乡村》更觉得成熟些。每逢和朋友谈起，总听到鲁迅先生的推荐，认为在写作前途上看起来，萧红先生是更有希望的。

在多时的习惯，养成我们不爱追求别人生活过程的小小经历，除非他们自己报道出来，否则我们绝不会探讨的，就是连住处也从不打听一下。就这样，我们和萧红先生成了时常见面的朋友了，也还是不甚了然的。不过也并非绝无所知，片段的谈话，陆续连起来也可能得一个大致的轮廓。譬如说，谈得高兴的时候，萧红先生会告诉我们她曾经在北平女师大的附属中学读过书。并且也知道她还有父亲，母亲是死了，家里有一位后母，家境很过得去。也许，她喜欢像鱼一样自由自在的吧，新的思潮浸透了一个寻求解放旧礼教的女孩子的脑海，开始向人生突击，把旧有的束缚解脱了，一切显现出一个人性的自由，因此惹起后母的歧视，原不足怪的。可怜的是从此和家庭脱离了，效娜拉的出走，从父亲的怀抱走向新的天地，不少奇形怪状五花八门的形形色色的天地，使娜拉张皇失措，经济一点也没有。在旅邸上，"秦琼卖马"，舞台上曾经感动过不少观众，然而有马可卖还是幸运的，到连马也没得卖的时候，也就是萧红先生遭遇困厄最惨痛的时候，这时意外地遇到刘军先生，也是一位豪爽侠情的青年，可以想象得出，这就是他们新生活的开始。他们在患难中相遇，这一段变故是值得歌颂的，直至最后，她们虽然彼此分离，但两方都从没有一句不满的话，作为向对手翻脸的理由，据我所听到，是值得提起的。

当然不能否认，萧红先生文章上表现相当英武，而实际多少还富于女性的柔和，所以在处理一个问题时，也许感情胜过理智。有一个时期，烦闷、失望、哀愁笼罩了她整个的生命力，然而她还能振作一时，替刘军先生整理、抄写文稿。有时又诉说她头痛得厉害，身体也衰弱，面色苍白，一望而知是贫血的样子。这时（我们）过从很密，差不多（同时）鲁迅先生也时常生病，身体本来不大好的萧红先生无法摆脱她的伤感，每每整天地耽搁在我们寓里。为了减轻鲁迅先生整天陪客的辛劳，不得不由我独自和她在客室谈话，因而对鲁迅先生的照料就不能兼顾，往往弄得我不知所措。也是陪了萧红先生大半天之后走到楼上，那时是夏天，鲁迅先生告诉我刚睡醒，他是下半天有时会睡一下中觉的。这天全部窗子都没有关，风相当的大，而我在楼下又来不及知道他睡了而从旁照料，因此受凉了，发热，害了一场病。我们一直没敢把病由说出来，现在萧红先生人也死了，没什么关系，作为追忆而顺便提到，倒没什么要紧的了。只不过是从这里看到一个人生活的失调，直接马上会影响到周围朋友的生活也失了步骤，社会上的人就是如此关联着的。

她和刘军先生对我们都很客气。在我们搬到施高塔路大陆新村里住下之后，寓所里就时常有他俩的足迹。到的时候，有时是手里拿着一包黑面包及俄国香肠之类的东西。有一回挟着一包油腻腻的东西，打开一看，原来是一只烧鸭的骨头，大约是从菜馆里带来的。于是忙着配黄芽菜来烧汤，谈谈吃吃也还有趣。萧红先生因为是东北人，做饺子有特别的技巧，又快又好，从不会煮起来漏穿肉馅。其他像吃烧鸭时配用的两层薄薄的饽饽（饼），她做得也很好。如果有一个安定的、相当合适的家庭，使萧红先生主持家政，我相信她会弄得很体贴的。听说在她旅居四川及香港的时候，就想过这样的一种日子，而且对于衣饰，后来听说也颇讲究了。过分压抑着使比较美好生活不能享受，也许是少数人或短时间所能忍受的罢，然而究竟怎样是比较美好的生活呢？物质的享受？精神领域的不断向上追求？有人偏重一方，把其他方面疏忽了，也许是聪明，却也有人看作是傻子。总之，生活的折磨，转而使她走到文化领域里大踱步起来，然而也是生活的折磨，摧残了她在文化领域的更广大的成就。这是无可补偿的损失！到现时为止，走出象牙之塔的写作，在女作家方面，像她的造诣，现在看来也还是不可多得的。如果不是在香港，在抗战炮火之下偷活的话，给她一个比较安定、舒适的生活，在写作上也许更成功，或竟丢弃写作自然也不是绝不可能，这不必我们来做假定。不过如果不是为了战争，她也许不会到香港去，也许不会在这匆匆的人世急忙忙地走完她的旅程，那是可以断定的。

　　除了脸色苍白之外，萧红先生在和我们初次见面的时候就看到她花白的头发了。时常听见她诉说头痛，这是我有时也会有的，通常吃几次阿司匹林就会好，但副作用是一定带来胃病。萧红先生告诉我有一种药名叫 Socoloff 的，在法国普世药房可以买到，价钱并不昂贵，服了不会引起胃病，试过之后果然不错，从此每逢头痛我就记起她的指导。可是到了战事紧张，日本人入租界之后，这药买不到了，现时不晓得恢复了没有。她同时还有一种宿疾，据说每个月经常有一次肚子痛，痛起来好几天不能起床，好像生大病一样，每次服"中将汤"也不见好。我告诉她一个故事，那是在"一·二八"上海作战的时候，我们全家逃难，和许多难民夹住在一起，因此海婴传染到疹子，病还没十分复原，我们就在战事一停之后搬回北四川路的寓所了。没有人煮饭，得力的女工跑了去做女招待。我自己不是买菜就是领小孩。病后的小孩，刚三岁半，一不小心，又转为赤痢了，医了一年总不肯好。小孩长期吃流质，营养不足，动不动就又感冒生病，因此又患着气喘。这一年当中，不但小孩病，鲁迅先生和我都病了。我疲劳之极，患了妇人常遇到的"白带"，每天到医院治理，用药水洗子宫，据医生说是细菌在里面发炎，但是天天洗，洗了两个多月，一点也没有好。气起来了，自作聪明地偷偷买了几粒白凤丸，早晚吃半粒，开水送下。吃到第二天，医生忽然说进步非常之快，可以歇一下看看再说。我心想既然白凤丸有效，或者广东药店出售的白带丸更有效，也买了几粒服下，再服几粒白凤丸善后，从此白带病好了，永远没有复发。鲁迅先生是总不相信中医的，我开头不敢告诉他，后来医生叫我停止不用去疗治才向他说。再看到我继续服了几粒白凤丸居然把患了几个月的宿疾医好，鲁迅先生对于中国的经验药品也打破成见，而且拿我这回的经验告诉一些朋友，他们的太太如法炮制，身体也好起来了。像讲故事似的把前后经过告诉了萧红先生，而且我还武断地说，白凤丸对妇科不无效力，何妨试试？过了一些时候，她告诉我的确不错，肚子每个月都不痛了，后来应该痛的时候比平常不痛的日子还觉得身体康强，她快活得不得了。等到"八·一三"之后她撤退到内地，曾经收到她的来信，似埋怨似称谢的，说是依我的话服过药丸之后不但身体好起来，而且有孕了。战争时期生小孩是一种不容易的负担，是不是我害了她呢？后来果然听朋友说她生过一个孩子，不久又死去了。不晓得生孩子之后身体是否仍然康强，如果坏起来的话，那么，真是我害了她了。现在是人已经逝世了几年，我无从向她请求饶恕，我只是怀着一块病痞似的放在自己心上，作为精神的谴责，然而果真如此简单就算了吗？

生命的火在地下奔腾
让它突出来吧，
毁却这贪婪的世界，

和杀人不见血的吃人者，

从灰烬里再生。

就是一株小草也好，

只要有你的精力潜在。

追忆萧红先生，我还亲眼看到她的一件侠义行为，那是为了鹿地亘先生方面的。据我们简单地知道：鹿地先生在日本的时候，确曾为了"左"倾嫌疑而被捕过，后来终于保释，是因为的确有消过毒的把握，否则绝不可能被日本军阀政府释放的。如同送到传染病医院去的人，倘使身体还在发热，是绝对不可能出院的，必然一切都没有问题了，这才放出，但是在日本政府的严密地、不放心地监视之下，就是释放了也还是不容易生活的罢，因此迫得鹿地先生随着剧团当一名杂役，四处走码头流浪到上海来。究竟以大学毕业生而当剧团的杂役是可惜的，被内山完造先生发现了，从剧团里拔出来，介绍他和鲁迅先生见面，由鲁迅先生代选些中国作家著作给他翻译，替他校正，再由内山先生给介绍到日本改造社出版，以此因缘，鹿地先生和萧红先生等认识了。及至鲁迅先生逝世，为了翻译《大鲁迅全集》日译本，在限定的短期间内出书，需要随时请人校正的方便起见，鹿地先生夫妇由北四川路搬到法租界来住，那时大约是1937年的春天。到了同年的8月，两国间的关系非常紧张的时候，在"八·一三"的前几天，鹿地先生夫妇又搬回到北四川路去了，这是应当的，因为他还是日本人，在四周全是中国人的地方太显突出了。但是意外地，过了两天他们又到法租界我的寓里来诉说回去之后自国人都向他们戒严，当作间谍看待，那是有性命之忧的，因此迫得又走出了。然而茫茫租界，房子退了，战争爆发了，写稿换米既不可能，食宿两途都无法解决。这是为翻译鲁迅先生著作而无意中受到的苦难，没有法子，尽我的微力罢，因此请鹿氏夫妇留住下来。以两国人的立场一同领略无情的炮火飞扬，而鹿地先生是同情我们的，但他却只能整天潜伏在楼上的一角。战争的严重性一天天在增重，两国人的界限也一天天更分明，谣言我寓里是容留二三十人的一个机关，迫使我不得不把鹿地先生送到旅舍。他们寸步不敢移动，周围全是监视的人们，没有一个中国的友人敢和他们见面。这时候，唯一敢于探视的就是萧红和刘军两先生，尤以萧先生是女性，出入更较方便，这样使得鹿地先生方便许多。也就是说，在患难生死临头之际，萧红先生是生死置之度外地为朋友奔走，超乎利害之外的正义感弥漫着她的心头，在这里我们看到她却并不软弱，而益见其坚忍不拔，是极端发扬中国固有道德，为朋友急难的弥足珍贵的精神。

（原载于《文艺复兴》1946年第1卷第6期）